新潮新書

橋本愛喜
HASHIMOTO Aiki

トラックドライバーにも言わせて

854

新潮社

まえがき

筆者は訳あって、大型自動車免許を持っている。そして20代前半から断続的に約10年間、北は甲信越から南は関西方面まで、主に自動車製造で扱う金型を得意先からトラックで引取り、納品していた。平均で1日500キロ。繁忙期では800〜1000キロを走行する、中・長距離ドライバーだった。

当時はモテ期の絶頂だった。田舎で信号待ちや時間調整をしていると、よく声を掛けられた。

「(ナンバープレートを見て)あんた、一人でこんなとこまで来たんかえ。こんなでーっかいクルマ乗って」

当時は女性のトラックドライバーが今以上に少なく、さらに平ボディ(板状で屋根のないトラック)での長距離ともなると、激レアキャラだった。ゆえに、モテた。まあ、50代以上の田舎、工場、トラックのおっちゃん限定だが……。

日本の貨物輸送の9割以上を担うトラックは、「国の血液」によく例えられる。そうならば「道路」は、「国」という「体」の隅々に張り巡らされた「血管」で、「荷物」はその血液が血管を通して運ぶ「栄養」といったところだろう。

昨今、そんな「血液」が「栄養過多」によって様々な異常を起こしかけている。

某大手運送企業の配達員が、配達荷物や台車を地面に投げつける動画が拡散したのは、2016年の年末。彼の行為は、「物流マン」以前に「人」としてあるまじき行為ではあったが、反面、あれほど日本の物流を第一線で支える配送ドライバーの現状を世間に分かりやすく示した事例はない。

「路上駐車するな」と言われる一方で、「なんで時間通り来ないんだ」とクレームが入る日々。駐車違反にハラハラしながら重い荷物を両手に抱えて走り、指定時間帯通りドアベルを鳴らすも反応がない。それがさらに再配達ともなれば、相手が客であろうが神であろうがキレないわけがない。相田みつをではないが、「にんげんだもの」である。

かたや、広域輸送を請け負う中・長距離のトラックドライバーには、エンジンを掛けっぱなしにして路上で休憩したり、車両の前を大きく空けてノロノロ走ったりする行為に対して、これまた世間から冷たい視線が浴びせられる。筆者自身も、そうした彼らをただただ「邪魔な存在だ」としか思っていなかった。トラックに乗るまでは。

本文でも紹介するが、筆者は元々「物流のトラックドライバー」ではなかった。が、実際自分がトラックの運転席に座り、運送業者に所属する多くのドライバーに出会って初めて、世間には知られていない、かつ、世間が知るべき彼らの「事情」や「過酷な労働環境」があることに気付かされた。そして、その元凶にいるのが、我々「消費者」であるということにも。

中でも、2019年9月に起きた京浜急行線とトラックとの衝突事故は、近年稀に見る大規模踏切事故となり、トラックドライバーの現状を皆で考えるきっかけになり得るはずだったのだが、その直後、千葉などに甚大な被害を及ぼした台風15号に吹き飛ばされ、深く報道されることなく、世間から「トラックドライバー運転下手クソか」、「方向音痴の高齢者なんて使うな」といった心無い声を残したまま立ち消えになった。しかし、あれは「運送業界が抱える問題」だけでなく、踏切や小道が複雑に入り組む「日本の道路事情」までもが絡む問題である以上、道路使用者全員が真剣に考えるべき事故だったと、取材を通して深く思う。

事故発生当時、本書の執筆はすでに佳境に入っていたのだが、世間にトラックの事情や道路の問題点を深く知られず、当該ドライバーだけが悪者にされたまま終わらせていい事故ではないと、担当編集者と相談して、今回急遽盛り込むことにした。

本書は、筆者のトラックドライバーとしての実体験と、現役ドライバーのリアルな声をもとに、現在彼らが置かれている過酷な労働環境や、世間には迷惑だとされるマナー違反に秘められた事情、トラックドライバーの人権、高い車高から見てきた昨今の日本の道路で起きる諸問題、物流業界の今後の改善点などを記述している。

無論、トラックドライバーをはじめとする業界関係者にも是非読んでほしいが、「日本の貨物輸送の9割超がトラック」という現実は、もはや日本全体の「社会問題」であるがゆえに、むしろ他業界や一般の方にこそ手に取ってほしい一冊だと思っている。そのため、誰にでも理解できるよう、かなり嚙み砕いて書いたつもりだ。

目に入るほとんど全ての身の回り品が一度は載ったことのあるトラック。

読了後、一人でも多くの人が「送料無料」、「時間帯指定」のもとで働くトラックドライバーの姿を思い浮かべ、一人でも多くの業界関係者が何かを感じ取ってくだされば、筆者自身も本書執筆で作った眉間の皺を、若干はいとおしく感じられるに違いない。

トラックドライバーにも言わせて ● 目次

まえがき　3

第1章　トラックに乗ると分かること　11
父親のもくろみ／大学卒業式直前の事件／私がトラックに乗った理由
教習所で戸惑った「股開き」／運転席から見えた光景／ＳＡ・ＰＡのおっちゃんたち
世間には知られていない仲間意識／トラックドライバーあるある
諸事情がもたらしたもの

第2章　態度が悪いのには理由がある　39
トラックの種類と危険／知っていてほしいトラックの死角
深視力と内輪差とリアオーバーハング／日本の道路は「左低右高」
自転車という天敵／トラックがノロノロ運転する理由／急ブレーキで生じること

停車中に車間を詰める謎／トラックは左車線を走りたがらない？
路駐で休憩せざるを得ない事情／なぜハンドルに足を上げて休憩するのか
休憩時にエンジンを切らない理由／高速道路の「深夜割引」がもたらす功罪

第3章　トラックドライバーの人権問題　95

トラックドライバーは底辺職なのか／過失なしでも逮捕される
荷主第一主義が引き起こすこと／手荷役というオマケ仕事
「おせち問題」から見る「お客様第一主義」／トラックドライバーの職業病
働き方改革にメリットはあるのか

第4章　高い運転席だから見えるあれこれ　137

高級車に乗った凡人がする「あおり運転」／危険運転を誘発するクルマの特性
免許返納では解決しない高齢者ドライバー問題／大型車AT化のメリット・デメリット
初心者ドライバーの特徴／トラックドライバーの眠気対策

第5章　物流よ、変われ　173
ドライバー不足の原因／京急事故で見えた課題
ドライバーを外国人で補えない理由／私は「トラガール」ではない／荷主は閻魔さま
ポイ捨て・立ちションョン問題／追いつめられるドライバー
世界にも稀な再配達と時間帯指定配送／置き配の可能性

あとがき　219

＊本書は扶桑社「ハーバー・ビジネス・オンライン」で連載された著者の記事に加筆・修正を加えたものです。

本文写真　著者提供

第1章　トラックに乗ると分かること

トラックに乗っていた頃の筆者
（画像を一部加工しています）

父親のもくろみ

そもそもなぜ、筆者がトラックドライバーになったのか、その経緯から述べていこう。

筆者の父親は、大手がくしゃみをしたら地の果てまで吹っ飛ぶような、小さな工場を経営していた。得意先から金型を預かり、鏡のようにピカピカにして返す、「プラスチック金型の研磨」というのが、主な業務内容だった。

自動車や電化製品のプラスチック部品がなくならない限りは食いっぱぐれることのない、いうなれば「この世に必須の職業」。にも拘わらず、技術習得や経営展開の難しさから、同業他社が極めて少ない「ニッチ（すきま）産業」でもあった。そのため父は、筆者がまだ幼い頃から事あるごとに「オマエが跡継がなあかんで」、「体力のある旦那連れて来なあかんで」などと言い続けてきた。

一方、経理担当として工場を支えていた母は、父と同じく筆者に工場を継いでほしいと思う傍ら、学校で噂になるほどの教育鬼でもあり、工場とは関係のないたくさんの習い事をさせた。ピアノ、ギター、水泳、テニス、書道、そろばん、公文式、英会話、家庭教師に学習塾……。多い時には1日に3か所〝ハシゴ〟。今になって思うと、これらの主目的は「教育」というよりはむしろ、できる限り鍵っ子にさせないようにと考えた、母なりの工夫だったのかもしれない。

おかげで父が真っ黒になりながら遅くまで働き、せっせとお金を稼いでくれればくれるほど、習い事に感化されていった筆者は、両親の願いとは程遠い「シンガーソングライターになりたい」という夢を抱くようになっていった。跡継ぎ問題に揺れる家族経営企業には、こうした皮肉は「あるある」な現象である。

こうして、それはそれは果てしなく不安定な道を歩み始める娘をなんとか振り向かせようとした父は、大学生になった筆者に時折、会社での電話番と書類の印鑑押しのアルバイトをさせるようになる。

2年生と4年生の時には、正式な跡継ぎの話。しまいには「オマエがやらんでも、旦那にさせたらええ」と、構内にいる若い職人集団を指さし、

「あの中に気に入ったヤツおらんか」

と、ドン引きしかしない戯言まで言い始めるが、筆者は父のその細い目の奥にあった「わずかな期待」を見逃さなかった。

そんな父の思いも空しく、夢への気持ちが揺るがなかった筆者は、大学卒業後の進路として、ニューヨークへの音楽留学を決心するようになる。

大学生活最後の春目前になると、サークル仲間とのグアムへの卒業旅行や、卒業式で着る袴の予約、ニューヨークの語学学校選びに明け暮れる日々。こうして何もかも順調に自分の道を目指していた筆者だったのだが、卒業式を1か月後に控えたある日、人生を変える大きな事件が起きる。

大学卒業式直前の事件

2月下旬、芯から冷えるほど寒い日の朝。家のダイニングで母親との無駄話を終え、自室に戻る階段を上がっている時、家の電話が鳴った。こちらも自営業の家庭にはよくある話なのだが、会社の始業時間前後に家にかかってくる電話には、毎度緊張させられる。得意先から引き取った金型が盗まれている（金型は高いもので一つ1億円するものもある）、（従業員の）誰かが来ない、逆に誰か（得意先など）が来ている――。こうした悪い知らせは、大体、このタイミングで来ることが多いからだ。

しかし、あの日の電話のベルは、なぜか特別に胸騒ぎがした。

ベルが止みしばらくすると、母の叫ぶ声が聞こえる。

「父ちゃんが倒れた」

慌ててクルマに飛び乗り、会社に向かった。何に対してか「お願い、お願い」と口が勝手に動く中、赤信号で待つ筆者のクルマの前を、けたたましいサイレン音を鳴らして1台の救急車が横切るのを見た時、ハンドルを握る手が震えた。

後に分かったことなのだが、父は社長室近くのトイレでイキみ、気を失ったらしい。しばらくして、運よく意識が回復。這いつくばって社長室へ戻り、下の従業員に救急車を呼ぶよう内線を掛けた後、家に「来い」と電話してきたのだ。

どのくらい気を失っていたかは分からないが、筆者と母が会社に到着した時、父は開業当時から使っていた赤いソファに横になっており、開いた右眼の瞳孔からは、一筋の涙がこめかみに伝っていた。過去に見たことがない父の泣き顔に、何よりもショックを受けたのを今でも鮮明に覚えている。

診断の結果は、「クモ膜下出血」だった。集中治療室にいた1か月、父の意識は混濁。その間、会社は文字通りの大荒れだった。

過去に元工場長らによる突然の独立騒動があって以降、技術や経営のノウハウを外に漏らさぬようにと、工具を注文する店や、各取引先の受注担当者、技術を売る上で絶対に必要になる見積りの基準などを、父親はある場所に隠していた。

「頭の中」である。

いわゆる完全な〝ワンマン経営〟だったのだが、こうした父なりの「会社を守る対策」が、今回は逆に仇となった。

筆者と母は、社長室の書類やメモを頼りに何とか社長業を引き継ごうとするが、そもそも何が分からないのかが分からない。それらを見出す唯一の方法は、問題がそれぞれ深刻化し、表面化してくるのを待つことだけだった。

中でも特に早く影響が出てきたのは、工場で使われている工具の欠品だった。これらは、注文する際に伝票に書かれる商品名と現場での呼称が違うことが多い。注文先の分からない工具は、集中治療室へ持って行き、

「父ちゃん、これどこで買うん？」

と、ダメ元で目の前にちらつかせてみるが、「あのナースさん、可愛いね」にも反応しない父が、答えてくれるはずもない。

当時、50代前半だった父は、評判も業績も絶頂の時を迎えており、工場新設に加え、

数か月前には満を持して海外支社を創設したばかり。ゆえに、工場には父を心底慕う古株職人だけでなく、右も左も分からない新入りも多くいた。さらには、その時に作った借金もたらふくあり、父は今、こんなところでのんきに寝っ転がっている場合ではない。

そんな苛立ちの中、ふと気が付いたのは、父がこんな状態になっても、仕事のことなら彼が何とかしてくれると、ニューヨークの学校を探し続けている自分……。

結束バンドで繋がれた父の手から握らせた工具が床に落ちた瞬間、「体張ってまで継がせたかったのか」という思いが頭を巡り、ようやくこの贅肉たっぷりの腹をくくる覚悟ができた筆者は、その手をぎゅっと握り「分かったよ」と、彼の長年の願いを受け入れるに至った。

こうして結局、大学を卒業する1か月前から、父の工場を継ぐことになった筆者。どうせこうなるんだったら、現役時代の父に「できるところまでやってみる」くらいのことを言っておいてやればよかったと、今でも後悔している。

私がトラックに乗った理由

当時、工場に在籍していたのは、ヤンチャで堅物の職人ばかり、最多時で35人。全員男性で、そのほとんどが、誰よりもヤンチャだった父に惚れて入社した従業員だった。

そんな彼らをカリスマ性とパワーでまとめ上げていた父は、先述通り、ワンマン経営者。その流れを引き継ぐように、筆者の担当業務も「目に付くもの全て」となった。

比較的習得の難しくない書類作成や工具管理はもちろん、取引先への納期交渉や見積り作業。繁忙期には職人と肩を並べ現場作業もしたのだが、その中でも最も主要な仕事の一つとなったのが「トラックでの金型引取り・納品業務」だったのである。

だが、当時の工場には2人の営業ドライバーがおり、差し当たり筆者がトラックに乗らねばならない状況にはなかった。そのうえ得意先は、遠いところで関西方面から上信越地方まで点在。関東にある自社から向かえば、ほぼ全日工場を離れることになり、通常業務に手が回らなくなる可能性もあった。

それでも筆者が「乗る」と決めたのには、二つ理由があった。

3K（きつい・汚い・危険）とも4K（それに加え、「細かい」）とも言われていた当時の工場。そこへポンと入った〝社会経験ゼロの、若い社長令嬢〟が、得意先や職人らに、この業界でやっていこうとする「覚悟」を分かりやすく証明するには、自ら「過酷な環境」に向かっていくことがベストだと思ったのだ。

そして、もう一つ。

当時の心情を改めて振り返ると、あの頃の自分は、何よりもあの工場から逃げ出したかったのだと思う。

退院した父には、高次脳機能障害という記憶障害が残った。古い記憶を失う「記憶喪失」とは違い、新しい記憶ができない障がいだ。

労働意欲は今まで以上に溢《あふ》れる一方、電話を切れば誰と話していたかを忘れ、同じことを3分おきに聞き返し、「仕事中だから後にして」と言うと、子どものように拗ねるようになった父。そして、今度は経営者として一人前に育て上げるべく、筆者を厳しく指導するようになった母。そんな両親には言いづらいのか、会社の不満を筆者に訴えてくる現場の従業員。工場にいても家にいても、彼らと仕事の話ばかりする日々。守らねばならない皆の生活や仕事、諦めた夢――。

そんな自分が当時、唯一「自分」でいられる場所は、工場から飛び出したトラックの中、日本の道路の上だけだったのだ。

教習所で戸惑った「股開き」

トラックに乗ると決めてすぐ、筆者が世話になったところが教習所だ。

結果的に、筆者は大型免許を取得したのだが、工場でよく使われていたのは、当時は普通免許でも運転できたマニュアル（ＭＴ）の４トン車。ゆえに、さしずめ大型免許を取得する必要もなかったのだが、普通免許取得以降、筆者がＭＴ車に乗ったのは、工場にあったダットサンでのお遊び運転くらい。車高から何から普通車と違う４トントラックにいきなり乗る自信は皆無だった。

そこで教習所へ通おうと考えたのだが、当時の免許制度では、先述通り、普通免許があれば４トン車に乗ることができ（てしまっ）たため、同型車では教習が受けられず。また、現在のような「準中型」や「中型」などの区分もなかったため、教習所でトラックの乗り方を教わるには、必然的に「大型車教習」を選択するしかなかったのだ。

なんならＭＴ普通車から教習を受けたいと思っている中での大型車。最初は不安でしかなかったのだが、実際、当時の工場には、10トン車も頻繁に動いていたため、将来乗ることもあるはずと意を決し、その門を叩くに至った。

そんな教習所でまず抱いたのは、自分に向けられた「例外感」だった。

父の工場でも、現場に立つ唯一の女性ということで、がっつり浮いてはいたものの、当時はまだ得意先に出向くことがあまりなかったため、世間にどれほどいわゆる「ガテン系女性」が少なかったのかを体感することはなかった。

しかし、教習所という外の世界で「大型に乗る女性」として身を晒すことで、いかに自分が異色の存在なのかを思い知らされたのだ。

入校時に提出した書類に「女性」と「大型」が共にマルで囲われていたことから、何度も放送で呼ばれ「大型ですよ？　トラックですよ？」と確認される。

さらに配車時、トラックの前で待っていると、周りの教習生がざわつき、やって来た教官にも、まずは「あれ……」と戸惑われ、次にトラックを指して「これ？」とされる。

いざ技能教習が始まると、その50分間は、毎度替わる担当教官に「どうして大型免許を取るのか」を説明する時間と化し、時には「橋本さんね、他の教習生のわき見の対象になってるんだよね」という、本人にとっては知ったこっちゃなければどうすることもできない報告を受けたりもした。

ただ、こうした「例外感」は筆者にとっては全く嫌な気分ではなく、むしろ楽しめてはいたのだが、その一方、実質的に女性だから感じる不便さもあった。

背もたれやミラーの調節である。

教習車の運転席に乗り込んでまず行うのは、自分の体とトラックの環境を合わせることと。言わずもがな、クルマの運転には何よりも重要な「視界確保」のために、背もたれやルームミラーの位置を合わせる作業が必ず必要になる。

しかし普通車と違い、全てが大きめに造られていることに加え、当時のトラックは女性が乗る前提では造られていなかったのか、筆者は毎度「自分のベストポジション」を探すのに大苦戦。中には乗車後、すぐに発進させられる小柄な男性もいたのだが、骨格の違いなのか、筆者の足がシンプルに短いからなのか、自分がようやく「よし」とした背もたれは毎度ほぼ垂直の状態。座椅子も尻を高くして、「座る」というよりは「もたれる」ほど前傾にしないと、アクセルやブレーキペダルに足がフィットしなかった。

また、男性トラックドライバーにとってはあまり気にならないかもしれないが、初めてクラッチとアクセルに足を乗せた時に感じたのは、ここまで股を広げなければならないのか、という驚きと戸惑いだった。もちろんズボンを穿いての乗車だったため、何がどう見えるなどはなかったものの、この瞬間から運送業界のイベントなどでよく見る「ミニスカート姿の女性コンパニオン」に、多大な違和感を覚えるようになった。

こうしてなんとか座席のベストポジションを見出すと、次に待っているのは、他でもない「運転操作」だ。

オートマチック（AT）車の運転では遊びほうけていた左手と左足を動かす作業（シフトチェンジとクラッチ操作）に、車内の広さと振動。自分が普段乗っている乗用車と同じ「車両」を動かしているという感覚はもはや皆無で、毎度気分はドロンボーメカの操縦席に座るトンズラー。当時の教官は、今以上に指導も口調も厳しく、筆者の左隣に座るボヤッキーに「タイミングが違う」「ギアが違う」「見てるところが違う」とボヤかれる度、教習所の中心で「これでも頑張っておまんねん」と叫んでいた（『ヤッターマン』を知らない読者には、分かりづらい例えかもしれないが）。

筆者は小学生の頃から、事あるごとに父の運転するトラックの助手席に乗っていたため、ある程度、その揺れや高さには慣れていたつもりだったのが、運転席で感じるそれらは、当時のものとは全く別物。最初の教習で動かしたトラックの距離は、エンストで稼いでも10メートル。以降、回を重ねても、教習が終わる頃には毎度、あり得ないほどの冷汗がTシャツの背中を濡らしていた。

それでも教習を重ねるごとに、少しずつだが走行距離は伸び、内輪差やギアチェンジにも徐々に慣れていったのだが、最後まで筆者を悩ませたのが「ブレーキ」だった。

第2章で詳しく紹介するが、4トン以上のトラックのほとんどに搭載されている「エアブレーキ」は、空荷（荷物を積んでいない状態）の際に乗用車と同じ感覚で踏むと、ものすごい勢いで止まる。特に低速で運転している際は、前ではなく上に体が飛び上がるほど激しくつんのめり、すぐにエンストを起こすのだ。

なかなかコツをつかめない筆者に、ある教官は時折イライラしながら「2ミリずつ踏んで」と繰り返すが、曖昧にもほどがあるその「角質3層分」の注文に混乱は深まる一方で、一時はこの最も大事なペダルを踏むのがトラウマにさえなった。

以降、靴ひもがゆるかったり、いつもと違う靴を履いていたりするだけで、ブレーキの善し悪しが変わるという不安定ぶりを発揮。巷《ちまた》のトラックドライバーが隠し持っていた「角質3層分」の技術を知り、工場内ではのんきに腰を回しながらブラブラ歩きまわるだけの営業ドライバーたちを、密かに見直した頃でもある。

入所から数か月。ようやく筆者が路上教習に入る頃、ふと周りを見渡すと、顔見知りだった教習生たちの姿を見かけなくなっていた。皆、ちゃっちゃと卒業していたのだ。

さらにそこへ涼しい顔して運転する後輩の教習生が加わり、筆者の焦りは強まる一方だったのだが、教習中に散々「免許取得の理由」を話してきたおかげか、ほとんどの教官たちとは友達のように仲良くなっており、皆「他の教習生は、普段仕事で4トン車に乗り慣れている人たちばかり」、「4トン車乗らないで大型免許取ろうとするのは、免許コレクターくらい」と、毎度優しく励ましてくれた。

こうして他の教習生よりもたっぷり時間をかけて教習所を卒業。免許証の車種欄に「大型」の文字が加わったことで、当時ではまだ大変珍しい「女性で大型免許」という小ネタを得たと同時に、あれほど緊張していた運転にも自信がついた。

免許取得から数日後、工場の構内に停まっていたトラックに颯爽と乗り込み、初めて会社のトラックのエンジンを掛ける。「何事か」と一斉に手を止め不安気に見つめる職人たちの顔は、今でも忘れられない。

乗用車で行き来していたいつもの道を、トラックで走るのも新鮮だった。目線が高くなると景色は大きく変わり、いつも渡る橋に差し掛かると、普段は隠れて見えない大きな川が目に飛び込んでくる。
父に連れて行かれていた得意先へ今こうして自分がハンドルを握り一人で向かってい
ることに、一丁前にも自分の成長を実感する。と同時に、これほどの大きなクルマを操
り、まっすぐ伸びる国道を、教官の教え通りアクセルを思い切り踏み込んで走ると、工
場では得られなかった自由をめいっぱい感じた。
初めこそ遠方の得意先には足が向かなかったが、実はトラックは地場を走るほうが歩
行者や信号、細道が存在するため運転が難しい。そのため、近場の得意先を往来するう
ち、運転技術は急速に向上。教習中は走らなかった高速道路で、関東の自社から関西・
上越地方の得意先までを1日で往復するようになるのに、さほど時間はかからなかった。
また、1日で向かえる会社も増え、金型をめいっぱい積んで走るようになると、空荷
時のブレーキが大変利きやすくできている理由も分かった。空荷時とは逆に、満載時の
トラックは、いくらブレーキを踏み込んでもなかなか止まってくれないのだ。
教習所で泣かされたブレーキだが、トラックは「荷物を積んだ状態」を基準にブレー
キが作られていることを、実際に荷物を載せて走ることでようやく理解できた。

SA・PAのおっちゃんたち

こうしてトラックの運転にも自信が付き、徐々にではあるが一丁前に自分のルーティーンができてくると、工場の外にも様々な「顔見知り」ができるようになった。

毎度、高速道路を走る前に立ち寄るガソリンスタンドの店員、得意先で金型の積み降ろしを手伝ってくれる作業員、トイレを借りる時に話し掛けてくれるコンビニのオーナー……今でもその現場や周辺を訪れると、懐かしい気持ちになる。

中でも特に思い出深いのが、サービスエリア（SA）やパーキングエリア（PA）での出会いだ。

日もまだ昇らぬ明け方5時ごろ。同じ時間、同じ某サービスエリアに行くと、いつも同じ50〜60代のおっちゃんら数名が、日替わりでよく筆者に声を掛けてくれた。

「愛喜ちゃん、芋食え、芋」

「天童よしみのカセット貸してやる」

「俺の息子の嫁にならんか」

寒い中、外に出て温かい缶コーヒーを飲みながら、互いのトラックを褒め合ったり、何を積んでいるのか報告し合ったりと、しゃべるのがとにかく大好きな人たちだった。

そのうちの一人は、誰よりも饒舌だったのだが、前歯が上下全部なく、終始何言ってんのかぶっちゃけよく分からなかった。それでも、トラックデビュー間もない頃の筆者にとっては、頼もしくてカッコいい大先輩だった。

トラックドライバーというと、映画やドラマの設定のせいか、短髪やパンチパーマにサングラス、時には捩《ね》じり鉢巻きでもしていそうな「イカつい男性」が、オラオラと運転しているイメージが強いだろう。

筆者自身も、映画『トラック野郎』シリーズで主演した菅原文太さんや、何より一番そばにいた父親の影響から、小さい頃はこうした固定観念があったが、実際に自分が現場や取材で出会ってきたトラックドライバーたちは、たとえビジュアルが「オラオラ」していても、皆総じて驚くほど優しく、よくしゃべり、情が厚い人ばかりだった。

ある日、サービスエリアでおっちゃんたちと「うどんでも食べるか」という話になった時、「今日は工場に財布忘れてきちゃったからいいや」と話すと、

「ダメだよ愛喜ちゃん、ドライバーは食わなきゃ」

と、一人のおっちゃんが大きなエビが乗った天ぷらそばを奢ってくれた。さらに、今日一日腹が減らないようにと、別のおっちゃんが大量のおにぎりと飲み物を黙って買っ

てきてくれる。後日それぞれにお金を返そうとすると、タバコの煙を宙に吐き、カッコつけながら「そんなものいらねえよ」、「忘れた忘れた」と背を向けるのだ。

もし当時、彼らの給料事情や労働状況を知っていたら、何が何でもそのお金を渡していたのだが、走り始めて間もないあの頃の筆者は「物流業界のトラックドライバー」が、いかに過酷な環境で働いているかをまだよく分かっていなかった。

今でも時折そのサービスエリアに行くと、ふと彼らの姿を探してしまうのだが、恐らくすでにトラックを降りているのだろう。今のところ再会には至っていない。

世間には知られていない仲間意識

トラックドライバーには「イカつい」以外にもう一つ、世間から持たれているイメージがある。それは「孤独を愛する人たち」というものだ。

これはおおむね当たっていると思う。

一般的に「運転職」と言われる人たちの仕事場は、車内。オフィス勤務のように、1日中会社で、嫌な上司や気の合わない同僚らと机や機嫌を合わせる必要はない。とりわけ車内で一人になることの多いトラックドライバーには、それゆえ団体生活や集団行動を好まない「一匹オオカミ」型の人たちが集まるのだが、その一方、根本には「人恋しい」「寂しがり屋」という感情を隠し持っていることがほとんどで、単独行動しながらも、常に人との出会いを求めているのが、本当の姿だ。だからこそ彼らはあそこまで情に厚いのだと思う。

これは個人的な推察だが、彼らが情に厚いのには、各人それぞれ「過酷な労働環境の中で、自分たちは日本の経済活動には欠かせない仕事をしている」という強い誇りを持って日本各地を走っているものの、世間にはなかなかその内情が理解されず、邪魔だの、遅いだのと文句ばかり言われるため、同業者同士、自然と仲間意識が強くなり、「トラッカーは皆、道で繋がっている」と強く感じているという理由もあるのではないだろうか。かくいう筆者自身こそ、そんな思いでハンドルを握っていた一人だ。

その証拠に、長距離ドライバーの車内には、必ずといっていいほどハンズフリーで話せるマイクやスピーカーがある。走行中や休憩中、人恋しくなると「グルチャ」と言われるSNSのグループトークなどで仲間と繋がるのだ。

ドライバーはひとたびハンドルを握ると、孤独だけでなく、時間、睡魔との戦いを強いられる。運転中、唯一自由になる口をひたすら使い、仲間同士、どこで渋滞が発生しているのか情報交換したり、深夜走行などでは時に、北海道で走っているトラックドライバーが九州地方を走るドライバーと繋がり、互いに励まし合い居眠り運転させない環境を作ることもある。

こうした仲間意識の強い彼らには、ある「特技」のようなものがある。

走行中、クルマとクルマがすれ違うことをトラックの業界用語で「スライド」と言うのだが（本来は無線用語）、彼らトラックドライバーは、高速道路や幹線道路などでのほんの一瞬のスライドでも、知り合いや同じ会社のトラックドライバーに気付くことができる。そして、グルチャ時や帰庫後に「さっき○○あたりでスライドしましたよね」と、ひと盛り上がりするのだ。

トラックドライバーの仲間意識の強さを感じる瞬間は他にもある。

あなたが普通自動車のドライバーだとしよう。赤信号を先頭で右折待ちしている。自分のクルマの後ろにはトラック。対向車線にはこれまたトラックが同じように赤信号を待っている。

こういう場合、信号が青になった瞬間に、対向車線のトラックはすぐに直進せず、あなたを先に右折させることが多い。これは、あなたのために右折させたわけでなく、後ろのトラックのためにしていることなのだ。前の乗用車を先に通すことで、幅の広い後ろのトラックが詰まらず直進できるようにするのである。これはトラックドライバーの暗黙のマナーで、お互い全く面識がなくても、こうして互いに助け合うのだ。

さらに、あなたの後方にいたトラックは、あなたが右折した後、対向車線のドライバーに手を上げて挨拶をする。「ありがとな」と。すると、譲ったトラックも「なんのこれしき」と手を上げてそれに応える。

筆者がトラックに乗っている際、こうした彼らの行動には、勝手ながら震えるほどの仲間意識とカッコ良さを覚えた。

そのため、トラックを降りた今でも、右ウインカーを出している乗用車の後ろにトラックがいれば、必ずその乗用車に右折を譲っているのだが、トラックドライバーらは、そんな筆者にもちゃんと手を上げてお礼をしてくれる。

もし道路上で同じ状況になったら、是非一度譲ったトラックドライバーを観察してみてほしい。きっとあなたにもお礼をしているはずだ。そしてもしそのお礼に気付いた場合は、是非あなたも手を上げて応えてあげてほしい。これら「譲り合いの挨拶」は、決して「トラック同士」でしかできないものではないのだから。

トラックドライバーあるある

ここで少し、トラックドライバーの特徴や、彼らが日頃感じる「あるある」をいくつか紹介しよう。

全てのトラックドライバーが一番恥ずかしいと思うこと、それはエンストである。

筆者も運転に自信がついたと思い始めた頃、一瞬気が緩んだのか、大きな幹線道路の交差点のド真ん中で、右折待ちから発進する際にエンストをかまし、恥ずかしさのあまり、焦ってなぜかサイドブレーキを引き、そしてなぜかクルマのキーを引っこ抜くという謎の行動をやってのけたことがある。

当然といえば当然だが、「道に詳しい」のも彼らの特徴だ。ベテラン長距離ドライバーともなれば、日本中の最短ルートを答えられるまでになる。

父の工場にいた営業トラックドライバーには、得意先に向かう際に目印となる建物や橋の名前、渋滞する時間帯まで詳細に「エア道案内」できるだけでなく、全国の高速道路のIC（インターチェンジ）とSA・PA、国道の番号を全て記憶している人がいた。

一方、筆者はというと、トラック乗りとしては例外的に超ド級の方向音痴で、田舎の畑のど真ん中に大きなトラックで迷い込み、近くにいた農家のおじいさんやおばあさんを助手席に乗せ、得意先まで道案内してもらったことが何度かある。トラックにナビは付いていたのだが、あの機械の言う「この先」に、「どの先やねん」となる筆者は、毎度しっかりと道に迷い、絶望に暮れては何度クルマに「空飛べ」と念じたか知れない。

そんなトラックドライバーにとって「荷主」とは、荷物の輸送を依頼してくる「お客様」だ。ゆえに現場の作業員の中には、ドライバーに横柄な態度を取る人も少なくない。さすれば自然とやってしまうのが、「あだ名付け」である（もちろん本人には伝えない）。

筆者にも当時、一人どうしてもソリの合わない得意先担当者がいた。筆者のほうが知識も経験も年齢も上だったのだが、「得意先」という立場をフルに使った彼からは、色々と「社会の厳しさ」を勉強させてもらった。いわば、筆者にとっては「社会科の先生」だったのだが、そんな先生に筆者が付けたあだ名は「豆もやし」である。

さらに、トラックドライバーたちは、素直で純粋な人が多いという印象がある。

筆者はある時期、〝諸事情〟で現場を離れていたのだが、復帰後1年ぶりに再会したトラックのおっちゃんたちに「マグロ漁船に乗っていた」と、誰もが嘘だと分かるジョークをかましたところ、「ほえー」と皆口と両目をかっ広げて驚いていた。

もう一つ、トラックドライバーの特徴としていえるのが、こだわりが強いこと。

それが表れるのが「内装」だ。ドライバーにとって、車内は「仕事部屋」でもあり、「自室」でもある。そのため、ドライバーの中には車内を自分好みに色々カスタムしたがる人が多くいる。中でも最も多いのが「シフトノブ」の取り替えだ。

シフトノブとは、MT車でシフトチェンジ（ギアチェンジ）する際に使用するレバーのこと。筆者にはあまりそういう願望はなかったのだが、多くのドライバーは、このシフトノブを標準搭載されている丸型のものから、長い棒状のものにやたらと替えたがる。

そのデザインは実に多種多様だ。定番は、中に気泡の入ったクリスタル型らしいのだが、筆者がある日、某営業ドライバーのトラックに所用で乗り込んだところ、シフトノブに「刀」が刺さっているのを発見。「この人は戦《いくさ》にでも行きよるんか」とひたすら首を傾げた。

諸事情がもたらしたもの

先ほど述べた「現場を離れていた〝諸事情〟」について触れておこう。

こうして工場の経営に携わることになった筆者だったのだが、実は、どうしてもニューヨークが諦められずにいた。

工場で10時の休憩を知らせるチャイムが鳴ると、裏口に座り込み、「心の底から無駄な時間」と口癖のようにつぶやく日々。後述するが、「トラック車内」は、「ひとりカラオケボックス」ともはや同義。引取り・納品でトラックに乗り、ひとりひたすら歌えば、歌唱力は皮肉にも保たれ、「どんなに高速を走り続けても、この道の先にはゴールがない」と嘆かずにはいられなかった。

工場生活が2年を過ぎた頃。少しでもニューヨーク生活を疑似体験したいと、工場で働く傍ら、非常勤で日本語教師として教壇に立ち、国際的環境に身を置くようになる。

60の国と地域から来た延べ4000人以上の学生に、壁に貼ってある大きな日本地図を指さし、「私は普段トラックでここからここまで走っている」と話せば、「オーマイガー」や「マンマミーヤ」、「アイゴー」など、世界の感嘆詞が室内を飛び交った。

そんな彼らとの交流で、なんとか「欲望」を紛らわせていたある日、転機が訪れる。

工場に、大変優秀な若い営業担当が入ったのだ。

彼の優秀ぶりは、両親が毎日のように「彼が妻子持ちゃなかったら」、「なんでももっと結婚前にウチ入って来んかってん」を繰り返すほど。

かたや筆者は、日本語教師ですっかり頭が「It's a small world」。ニューヨークで歌いたいという気持ちはもちろんだが、あの何もかもがぐちゃぐちゃな街に、この身をほっぽり投げたいという思いが決壊寸前。「このままニューヨークを諦めたら、一生父親のせいにする」とさえ考えるようになっていた。

ゆえに、彼の入社は、当時の筆者にとって言わば「蜘蛛《くも》の糸」。両親に詫び、彼に仕事の全てを叩き込み、1度目のニューヨーク生活を果たしたのは、大学卒業から5年後の夏だった。

こうして渡ったニューヨークでは、オープンマイクで歌を歌う傍ら、日本語教師の経験を買われ、現地の語学学校のアドバイザーをしていた。正直、ニューヨークという街で歌えていれば、当時の仕事は何でもよかった。

が、そんなある日、ふと目にした「インターン募集」の求人に応募したことで、その後の人生が再び大きく変わる。募集元は、ある小さな音声関係の会社だったのだが、仕事先が某日系テレビのアメリカ総局内だったのだ。

同局の記者やアナウンサー、カメラマンは、職員でもなければ腕がある訳でもなかった筆者に、担当業務以外の仕事も積極的に振ってくださり、おかげで世界が動く瞬間を幾度となく目の当たりにすることができた。大学の専攻もジャーナリズムだったのだが、やはり現場で得るものは机上より果てしなく深く、大きかった。特に、とある記者とカメラマンからは、ジャーナリズムに対する姿勢や伝える大切さをガッツリ学習。

筆者が文章を書き始めたのは、この頃からだ。

ビザの関係上、第一次ニューヨーク生活は1年と少し。帰国した筆者は、再び工場経営、日本語教師という忙しい毎日に戻ったのだが、合間を縫ってライター活動も開始。当時の睡眠時間は毎日2時間。渡米前より断然ハードだったが、やりたいことができる上での忙しさは、全く苦ではなかった。

唯一、自分が「苦」だとするのは、初めて会う人に、現在までに至る経歴を紹介すること（経歴にはまだ続きがある）。筆者に履歴書を書かせると、用紙がとんでもないことになり、講演会では毎度半分の時間が自己紹介になる（まあ、こうした経歴ゆえに呼んでくださるので問題はないのだが）。

第2章　態度が悪いのには理由がある

車間が詰まる理由とは

トラックの種類と危険

第2章では、トラックドライバーが一般ドライバーや歩行者、サイクリスト（自転車に乗る人）など、全ての「道路使用者」に普段なかなか伝えられない、彼らの「知っておいてほしい裏事情」などを紹介したい。

細かく分けるとキリがないのだが、一般的なトラックのカタチは主に、「箱車」と「平ボディ」という種類に大きく分けられる。

日常生活により密接なのは、箱車だ。一般道ではもちろん、人が生活する住宅街やスクールゾーン付近の路地などでも毎日のように見かけるタイプで、「宅配業者のトラック」と言えば想像しやすいだろう。屋根があるため比較的雨には強く、後ろが観音開きになるものから、サイドが鳥の翼のように開いたりするタイプ（ウイング車）まであり、積み降ろしにおいては使い勝手がいい。

しかしその反面、荷物が積み上げられることで重心が高くなりやすく、また、その「面」の広さから風をもろに受けることで、バランスを崩して横転しやすいのも特徴だ。

大型の台風が列島を直撃する度にニュースでは、風に煽られたり、転倒したりしている大きな箱車がよく映し出される。

一方の平ボディは、荷台が文字通り「平ら」なトラックで、クレーンで釣り上げないと載せられないモノを積むのに適している。筆者が乗っていたトラックも、この平ボディだ。よく積まれるものとしては、筆者が積んでいた金型をはじめ、林業・製材所などが扱う木材、小型重機など、積み上げられず、長くて重量のあるものが多い。車体に箱車のような「面」がないため、風には比較的強い。

平ボディには、屋根の代わりに、幌《ほろ》と呼ばれる防水加工されたシートをかぶせることがあるのだが、この幌を荷台に固定する太いゴムは、雨風に晒されるとすぐに劣化してしまう。幌が風圧を強く受ける高速道路などでは、切れたゴムが道路に落ちているのをよく目にする。それゆえ、このゴムはドライバーの日常的な点検や取り替えが欠かせず、それを怠ると最悪の場合、突然、幌がめくれあがったり、積み荷が散乱したりして、後続車両に多大な危険をもたらす恐れがある。

首都高速道路株式会社によると、２０１８年度の落下物処理件数は、管内だけで２万７９０５件（１日平均76・５件）。そのうち７７６４件が木材や鉄くずで、全体の約

27・8%を占めるという。

何より怖いのは、落下物はその場で留まっていてはくれない、ということだ。ある日の高速道路の走行車線、前を走る平ボディが段差で弾んだ際に落とした長さ30センチほどの角材が、すごい勢いでこちらに転がってきた時は、筆者も本気で死を覚悟した。

これら「箱車」、「平ボディ」の他に特筆すべき車種が、「トレーラー」と呼ばれるけん引車だ。厳密には、けん引される荷物部分が「トレーラー」で、引っ張るほう（運転席部）は「ヘッド」や「トラクター」と言う。住宅街付近ではあまり見かけないが、一般道や高速道路では、乗用車とタイヤ並べてひっきりなしに走っているクルマだ。

このトレーラーは、トラックの中でも特に運転が難しく、些細な運転ミスでも横転事故のような大惨事に繋がりやすい。横転した先に乗用車があれば、文字通り「ぺしゃんこ」だ。最近の乗用車は、事故による前後左右の衝撃に強くなってきたが、「上」からの衝撃には依然として大変弱い。特に日本で人気の軽自動車においては、どんなに安全性を強化しても、こうしたトレーラーのような大型トラックの横転による衝撃には、全く勝ち目はない。

さらにトレーラーには、急ブレーキを踏むとフロントタイヤにロックがかかり、ハンドル操作もブレーキも利かず、直進しかできなくなる「プラウアウト現象」や、降雪時や降雨時に急ブレーキを踏んだり急ハンドルを切ったりすると、ヘッドとトレーラーが「く」の字に曲がってしまう「ジャックナイフ現象」が起こり得るなど、常に危険と隣り合わせであるため、トラックの中でもとりわけ繊細な車種といえる。

知っていてほしいトラックの死角

これらすべてのトラックには、共通して言えることがある。「死角」の多さだ。

乗用車よりも車高があるため、トラックに乗ったことのない人からは、よく「視界が広そう」と思われる。確かに前方の見通しはいい。乗用車では、前のクルマのリア（後ろ）部分しか見えない車列も、トラックからだと2台3台先の乗用車まで見える。が、トラックはその形状ゆえに死角が多く、斜め後ろにいるバイクや、車体の下で遊んでいる子どもに気付きにくくなり、目視不足の事故を起こしやすい。

こうした死角に毎度神経を尖らすトラックドライバーには、ある共通した思いがある。「一度でいいから、一般ドライバーにもトラックの運転席に座ってもらい、どれほど見えないのか体感してもらいたい」ということ。

筆者も心からそう思う。どんなにトラックの危険性を言葉で訴えても、その「車高の高さ」と「死角の怖さ」は、身をもって体感しないとなかなか分かってもらえない。


特に死角になりやすいのは、トラックの左後方だ。

乗用車では左後方を確認する際、後部座席に窓が付いているため、比較的外の状況を把握しやすいが、一般的なトラックは、座席から後部が全て壁。そのため、平ボディの場合、助手席の窓からリアウィンドウ（後ろの壁に付いている小窓）までが完全な死角になることが頻繁にある。

さらに箱車においては、いかんせん後ろが「箱」であるため、そのリアウィンドウすらない。ゆえにルームミラーはほぼ飾りで、そこから得られる情報は、「自分の顔の疲れ具合」くらいなもの。そのため、取り付けていなくても車検が通るのだ。

こうした結果、トラックは左後方が死角になりやすくなるのだが、よりによってトラックの左後方は、二輪車の「定位置」。彼らは隙を見つけるや否や、そこから最も危険なポイントである「トラックの真横」をすり抜けていこうとするのだ。

ドライバーからすれば、彼らのこうしたすり抜けは、自殺行為以外の何ものでもない。車幅の広いトラックは、対向車線に同じく大きなトラックがやって来た際、すれ違いざまにミラー同士が接触するのを避けようと、条件反射的にハンドルを左に切ることもある。その瞬間にトラックの左側をバイクがすり抜けようとしていれば、間違いなく巻き込み事故を起こす。

時折、「あんなに大きなサイドミラーが付いているのに左後方が見えないのか」と聞いてくる人がいるのだが、残念ながらミラーに映らない死角は大変多く、また、映ったとしても正確に認識できなくなることがザラにある。特に、トラックのミラーはかなりの曲面になっており、視界を広範囲に広げる反面、対象物を小さく映すため、映っていても気付かないか、気付いたとしても正確な距離感が摑めない。

これに加え、ミラーの視界を邪魔する意外なものが、「振動」だ。

トラックの中には構造上、乗用車よりも路面状態の影響を受けやすく、走行中よく跳ね、ミラーの焦点を狂わすものもある。また、運転席がエンジンの真上にある日本のトラックは、その振動が運転席やミラーに直に伝わるため、ドライバーの視覚も内外のミラーも、常に小刻みに揺れているのだ。

これは第3章でも紹介するが、こうしたバイクなどのすり抜けは、彼らの一方的な行為であるにも拘わらず、彼らが接触・転倒して死亡した場合、接触されたトラックのドライバーが過失致死で逮捕されることがある。ただ前をひたすら走っているだけのトラックにとっては、とんだ「とばっちり」なのだ。

もう一つ、トラックが特に緊張する死角がある。「道沿いの店から右折で車道に合流する際の左後方」だ。

コンビニやガソリンスタンドなど、道沿いの店から車道に出る時、ドライバーならば車両種問わず、誰もがその瞬間緊張するところだろう。特に、右折して「向こう側の車線」に入る際は、歩道を越え、手前の車線を越えて、合流車線の左から来るクルマの流れを確認して入るタイミングを計らねばならず、心も作業も同時に忙しくなる。が、同じ作業でも、トラックの場合、その緊張度は乗用車以上に大きくなる。完全に見えなくなるポイントがあるからだ。

トラックが道沿いの店から右折して車道に出ようとすると、車高の高さと窓の少なさから、まず左側から来る歩行者が死角になる。そして、合流しようとする車線の「左からのクルマ」までもが全く見えなくなる。そのため、時と場合によっては、視覚ほぼゼロのまま超低速で車線に進入し、「左からのクルマ」がそれに気付いて止まってくれることを、ただただ信じて合流するしかないこともあるのだ。

同じケースでもう一つ怖いのが、「ＳＡ・ＰＡの駐車場」だ。

ＳＡ・ＰＡの駐車エリアは、クルマを「斜め」に停めるよう線が引かれていることが多い。こうすることで、一方通行のエリア内での逆走が防げるだけでなく、頭を突っ込むだけで駐車できるようになり、発車時も左からのクルマの流れを確認しやすくなる。

しかし、これで発車時の左確認が楽になるのは、実のところ乗用車だけで、先述した通り、車高の高さと窓の少なさのせいで、斜めの駐車はトラックにとって、むしろ死角を生み出す元凶。左からやって来るクルマや歩行者が一切見えなくなる要因になるのだ。

こうした左側の死角に対応すべく、最近のトラックの左ミラーには、運転席からその角度を操作できるタイプのものや、ミラーに搭載できるカメラが販売されたりしているが、見えにくいことには変わりなく、また、古い年式のトラックには搭載していない・できない場合もあるため、今後もトラックドライバーの「左後方の死角」との戦いは続いていくだろう。

こうした事情から、道路を使う全ての人には、トラックを左側から横切ったり、すり抜けたりすることは絶対にしないでほしい。また、左後方以外にも死角は多いため、トラックの近くを通過する際は「ドライバーは自分が見えていないかもしれない」と危険を予測していてほしい。歩道を歩いていても、歩きスマホなどせず、常に前を向いて道路状況に目を向けてほしい。

そして、機会があるならば、是非一度、トラックの運転席に座ってみてもらいたい。運転はできなくとも、座ってみるだけでいい。それだけで不幸な事故は、大幅に減らせるはずなのだ。

深視力と内輪差とリアオーバーハング

トラックには、死角の他にも怖い視覚のトラップがある。「深視力」だ。トラックドライバーには、通常の「視力」とは別に、「深視力」が必要になる。

深視力とは、例えば、運転席から「トラックのお尻と駐車場の壁までの距離」がどのくらいあるのかを判断する視力のことをいう。現在、準中型以上の免許を取得する場合、この深視力の検査があるのだが、実際現場でトラックを駐車する際、壁の色や天候などに悪条件が重なると、深視力がゼロになることがある。ゆえにバック時、親切に「オーライ」と真後ろで誘導されると、実は非常に怖い。

もう一つ、走行中のトラックで注意すべき点としてよく知られているのが、「内輪差」だろう。

トラックは車体が長く、前輪が運転席よりも後ろについているため、特に左折時は頭を交差点にめいっぱい入れ込んで曲がらないと、後輪が歩道に乗り上げたり、真横にいるバイクを巻き込んだりする恐れがある。

このトラックの内輪差の危険性が認知されつつある一方、まだあまり世間に知られていない危険が「リアオーバーハング」だ。

リアオーバーハングとは、後輪より後ろの車体部分のこと。車体の長いトラックが右左折する際、ドライバーが内輪差に気を取られすぎると、後輪より後ろの車体が隣車線にはみ出し、その車線を走るクルマに接触することがあるのだ。トラックドライバーの間では俗に「ケツ振り」と言われ、隣車線のクルマのサイドミラーを破壊させた経験を持つ人は少なくない。

こうしたトラックとの事故のリスクを少しでも減らすには、各車の徹底的な「車間距離の確保」と「停止線の遵守」が重要になってくる。とりわけ停止線においては、信号のタイミングが合わずにはみ出してしまっているクルマをよく目にするが、それは右左折してくる大型車にとっては、大きな障害になる。また、トラックが起こす右左折時の横転事故は、スピード超過や過積載から生じる「遠心力」によるものであるため、停止線をはみ出せばはみ出すほど、事故に巻き込まれやすくなる。

信号待ちをしている歩行者なども、その間、スマホなどに気を取られがちになるが、せめてその前に一度自分の周りの状況や、電柱など「盾」になるものの存在の有無を把握しておくといい。これだけでも、いざという時の反応はずいぶん早くなる。普段歩いている道路にどんなクルマが多いのか観察しておくことも効果的だ。

トラックは構造上、事故を起こすとその規模が大きくなりやすくなる。たとえプロのトラックドライバーでも、周りのクルマの動き方によっては、回避できない危険が生じる場合があることは、是非知っておいていただきたい。

道に出るそれぞれが、それぞれの危険予測をすることで未然に防げる事故は多い。

日本の道路は「左低右高」

死角や内輪差などの問題以外にも、トラックの左後方が危険だとする理由がある。「左後輪の脱輪の多さ」だ。

いわずもがな、日本のクルマは「左側通行」。実は、これこそがトラックのみならず、日本を走る全てのクルマの左後輪に負担を掛けさせる要因になっている。

というのも、左側通行である日本の道路は、雨水や障害物を道路の隅へ送り流せるよう、「左低右高」でできている。そのため、必然的に左側のタイヤに体重が乗るのだ。また、こうして道路左側に集中してできる轍《わだち》や、転がって集まった障害物、雨を下水に流す側溝などを踏んだりするのも毎度左側のタイヤで、右タイヤよりも大きな負担がかかる。

左でも「後輪」の脱輪が多いのは、同輪が「左折時の支点」になるからだ。

左側通行で左折する際、右折時以上に鋭角で曲がる必要があるうえ、左後方車輪が支点となり、位置が動かないまま「向き」だけが大きく変わることになる。特に、乗用車よりも車長があるトラックは、左後輪が支点としての役割を果たす度合いが高まるため、脱輪の危険性も同時に高まるのだ。

しかも怖いのが、タイヤの脱輪は、必ず走行中に起きること。一般道で脱輪した左後輪が向かう先には、何があるか。「二輪車」や、「歩道」だ。

直径にして1メートルにもなるトラックのタイヤが、時速数十キロの速さで、無防備な生身の体へと突っ込んでいく。

もちろん、これら「左側」の事故を防ぐため、各トラックドライバーは、日頃から視界を良くする工夫や、毎朝の車両点検を欠かさず行っている。が、これらが根絶されることは、トラックが空を飛ばない限り叶わないだろう。

自転車という天敵

前項で触れた「自転車」について、もう少し詳しく話しておこう。

道路には、大きく分けて「自転車」「原付」「バイク」という三種類の二輪車が走っている。

自転車は運転免許を要しないものの、他の二種と同様「車両」であり、原則的には「車道」を走らねばならないのだが、子どもや高齢者、道路状況によりやむを得ない場合などは、歩道を走ることが許されている。

こうした曖昧な線引きによって自転車は、歩道を歩く歩行者からは「車両なんだから車道を走れ」、車道を走るクルマからは「死にたくなければ歩道を走れ」と、両道で押し付け合いがなされる存在となっているのが現状だ。

特に車道においては、文字通り「２つの輪っかに生身のカラダ」という、他の二輪車以上に無防備かつ不安定な状態で走る彼らは、ほぼ全ての自動車に邪魔扱いされてしまいがちなのだが、中でもとりわけトラックにとっての自転車は、時に体中の毛穴が一気に引き締まるほど恐ろしい存在になることがあるのだ。その理由を三つ挙げよう。

一つ目は、何といっても「見えない」こと。

前項でも紹介した通り、トラックは車体の左側に多くの死角を作る。そのデッドゾーンに背丈の低い自転車が入り込めば、彼らがどれだけ反射板を引っ付けようがライトを光らせようが、その存在には全く気付くことができない。

それに、彼らが身の危険を感じて鳴らすのは「クラクション」ではなく「鈴」。振動音が常にするトラックの車内に、その「チリンチリン」が届くことはほとんどないのだ。

二つ目は、「動きの予測ができない」ことだ。

自転車はトラックの死角に自ら入り込んでくるうえに、ふらついたりよろけたりするなど、不安定極まりない。赤信号で止まったトラックの脇をすり抜けようとした自転車が、トラックのエアブレーキからエアが抜ける際の「プシュー」という音に驚き、転倒・怪我をするというのはよく聞く話だ。

そんな自転車の行動の中でも最も怖いのが、突然車道に出る行為。朝や夕方、歩道がにぎわう通学路や駅近くで起きやすいのだが、歩道を走っているサイクリストが後ろを振り返ることもなく、突然車道に降り、歩道の歩行者などを追い越そうとすることがある。車幅の広いトラックの直前でこれをされると、急ブレーキや急ハンドルでも避けられないか、幸いに避けられたとしても、後ろの積み荷が崩れ、横転や荷物の破損などの二次的被害を引き起こす可能性があるのだ。

そして三つ目は、考えると恐ろしいのだが、「交通法規（ルール）を知らない」ことだ。

自転車は道路交通法上「軽車両」と位置付けられており、先述通り他車両と同様に原則車道を走り、道路標識に従わねばならない。つまり、「止まれ」も「一方通行」も「自転車を除く」という補助標識がない限り、彼らはそれらを守らねばならないのだが、現状は「守る」以前に「守らねばならないことを知らない」ことが非常に多い。

また、併せて禁止されている「路側帯の逆走」や「酒酔い運転」、傘を差したりイヤフォンで耳を塞いで音楽を聞いたりするなどの「ながら走行」においては、自転車に対する警察の取り締まりが甘いせいで、知っていても「知ったこっちゃない」としているサイクリストもかなりの割合で存在する。

多くのサイクリストが安全運転を心がけているとはいえ、これら三つの要素を完璧に兼ね備えている人らがいるのも事実。中でもとりわけ目立つのは、「自動車を運転したことのない大人のサイクリスト」と「体が小さく行動の読めない子どものサイクリスト」だ。当然彼らは、ドライバーの目線から自身がどう見えているかを知らない。

余談だが、筆者はトラックに乗っていた頃、夕方に通塾する元気な小学生チャリ集団が現れると、すぐさまその人数をカウント。信号などでしばらく停止した後は、その数を数え直してからでないと怖くて発車できなかった。それほど彼らはよく動き、よく隠れるのだ。

高速道路に進入した自転車（ロードバイク）がトラックにはねられた際、トラックドライバーが自動車運転処罰法違反（過失運転傷害）で現行犯逮捕されるといった事例があるように、たとえ自転車に過失があっても、「クルマが悪い」とされることがある。

これらのことを考えると、やはり車道で自転車に乗るならば、年齢に関係なく最低限の交通ルールやマナーは持ち合わせておいてほしいというのがドライバーの本音で、実際、自転車も「完全免許制」ないし「教習制」にすべきだとする声も一部からは強く出ている。

こうした声を反映してか、最近ではサイクリスト向けに交通ルールに関する講習会を開催し、受講者に「自転車免許証」なるものを独自に発行・交付する教育機関や自治体が増加している。

この免許証を提示すると、自転車パンク修理費が1割引になったり、安全点検が無料になったり、さらにはその免許証自体に被害者へ最大1億円を補償する保険を付帯させたりするなど、各自治体ともサイクリストに講習受講と交通ルールの遵守を促している。

当然それらの免許証に法的効力はなく、取得せずとも自転車には乗れるが、一つでも多くの自治体や学校に定期的な講習会を開催していただき、1件でも無駄な事故が防げたらと思う。

このように、トラック目線で自転車を見ると、サイクリストが悪者のように見えてしまうのだが、一つ言えるのは、彼らの不安定な走行には、「クルマからの風圧」や「悪質な幅寄せ」などといった「外的な要因」によって生じるケースも多いということだ。

中でもドライバーに気付かれにくいのが、彼らの「足元の悪さ」。サイクリストが走らされる車道は、前述の通り、「左低右高」でできており、どうしても道路左側に負担・障害物が集中しやすい。

高齢者の免許返納や若者のクルマ離れ、エコ意識の高まりから、自転車の存在感が高まる昨今。サイクリストの交通マナーの向上だけでなく、こうした路面の整備や自転車専用レーンの確保など、自転車に寄り添った取り組みも今後必要になってくるだろう。

トラックがノロノロ運転する理由

トラックの謎行為としてよく聞かれるのが、彼らの「ノロノロ運転」だ。

一般道や高速道路が渋滞中、前を大きく空けてノロノロ走っているトラックを見たことがあるだろう。その理由にはいくつかあるのだが、遠くまで見渡せる車高の高い大型トラックは、途中で加速したり止まったりしなくてもいい「一定の低速度」で走る方が楽だということが前提にある。

というのも、トラックの多くはＭＴ車。ＡＴ車のように、ただアクセルを踏めば前進してくれるものではなく、速度を変える度にクラッチを踏み、シフトチェンジ（ギアチェンジ）をしなければならない。

また、一度完全停止させたトラックを発進させ、元のスピードに戻すには、手間も時間も燃料もかかる。特に、荷物を満載したトラックが急な上り坂で止まると、シフトチェンジやクラッチ操作はより煩雑になり、場合によっては前にも後ろにも身動きできなくなってしまうことがあるため、ドライバーはトラックを不要に止めたくないのだ。

シフトチェンジは、慣れれば決して難しい作業ではないが、信号の多い一般道や渋滞中の高速道路では、その回数は必然的に増える。こうした小さな作業の繰り返しが、少しずつ疲労として蓄積されていくため、トラックドライバーは数台先までのクルマの流れを見ながら、なるべく定速で走ろうとするのだ。

そんな中、時折「こうした大型トラックのノロノロ運転が渋滞を作っている」という声を聞くことがあるのだが、渋滞を発生させるのはトラックの「ノロノロ運転」ではなく、むしろ一般車が無駄に光らせる「ブレーキランプ」で、それに反応した後方のドライバーが次々にブレーキを踏むことのほうが要因としては圧倒的に大きい。

そしてもう一つ、トラックドライバーが混雑する道路をノロノロ運転する最大の理由が「バタ踏みの回避」だ。

大型トラックのブレーキは「エアブレーキ」といって、不要に踏み込んだり頻繁に踏み続けたりすると、エアタンクに貯まっていた空気がなくなり、ブレーキが利かなくなってしまうことがある。ドライバーの間では、こうした踏み方を「バタ踏み」と呼んでいるのだが、過去にはこのバタ踏みが原因の死亡事故も多く発生している。

特に山道や渋滞中の道では、前のクルマのブレーキランプにいちいち反応してブレーキを踏んでいると、こうした危険が生じやすくなるため、なるべくゆっくり走ることで、ブレーキを踏まなくてもいいように走ろうと日々努めているのである。


一般ドライバーがトラックのノロノロ運転に「イライラする」と感じるのは、一般道や渋滞中だけではないはず。高速道路の「追越車線上」でも同じくらい邪魔だと感じるところだろう。が、これにもトラックの構造上の理由がある。

大型トラックには、高速道路での事故防止のため、2003年からスピードリミッターの装着が義務付けられた。これにより、大型車はどんなにアクセルを踏み込んでも、時速90キロまでしか出せなくなったのだ（大型車の高速道路上の制限速度は時速80キロ）。
そんな中、運送会社の多くが「社速」としている時速80キロで走るトラックを、この90キロのトラックが追い越そうとすると、単純に計算しても約1分間「トラックの並走」が起きてしまう（車間80メートル、車長10メートルの場合）。

こう言うと、「時速10キロの差くらい我慢して、全トラック時速80キロで最左車線を走ればいい」とする声が返ってくるのだが、時間と戦う長距離ドライバーにとって、1時間10キロの差は大変大きい。単純に計算して、10時間走れば１００キロ。東京からだと、沼津あたりまでの差が開く。

図体の大きいトラックの並走に遭遇し、イライラすることもあるだろうが、それを運転しているトラックドライバー自身も、差し迫る到着時間の中、なかなか追い抜けずにストレスを抱えている。ノロノロ走りたいのではなく「ノロノロでしか走れない」ことを理解してもらえると、互いの運転意識も多少は改善されるのではないだろうか。

急ブレーキで生じること

こうしてノロノロ走るトラックの中には、前の車両と大きく車間を空けて走るケースもあり、一般車から更なるひんしゅくを買うことがあるのだが、実はこの「車間」にもちゃんと理由がある。「荷崩れの回避」だ。

「荷崩れ」とは、トラックの荷台に積んだ荷物が、振動や衝撃によって崩れてしまうこと。ほとんどのトラックドライバーは、それまで培ってきた経験をもとに、積んでいる荷物の重さや積み方、道路状況、ブレーキの利き具合などから制動距離（ブレーキが利き始めてからクルマが完全に停止するまでの距離）を感覚で把握し、この「荷崩れ」を引き起こさずに止まることができるスピードと車間で走っている。

つまり、その大きく空いた車間は、チンタラ走ったがゆえの空間でも、他のクルマに前を譲るためのものでもなく、荷崩れせず安全に止まるためにトラックが必要としている大事な「パーソナルスペース」なのだ。

そんなスペースに、突然クルマが割り込んでくれば、当然トラックは安全な車間が保てなくなり、やむを得ず急ブレーキを踏むことになる。急ブレーキを踏んだトラックは、結果的に「前方の割り込み車との衝突」だけでなく、「後方の積み荷の荷崩れ」の危険性にも対峙することになるのである。

こうして急ブレーキを踏まざるを得なくなった際、トラックドライバーの脳裏には一瞬のうちに〝荷崩れが引き起こす最悪な二つの事態〟がよぎる。

一つは、「破損した積み荷の賠償責任」だ。

突然の割り込みに急ブレーキを踏み、そのクルマとの衝突を回避できたとしても、運んでいる大事な積み荷が荷崩れを起こして破損すれば、その後、トラックドライバーは「損害の賠償」という重い負担を背負うことになる。

ドライバーはハンドルを握って走っているだけが仕事ではない。彼らの本当の役割は「トラックの運転」はもちろん、「荷物を安全・無傷・定時に届けること」。こうした立場から、荷物が破損した際の賠償は、トラックに荷物を積み込んだ時点で、「運ぶ側」が負わされることがほとんどなのだ。

運搬する荷物の中には、筆者が積んでいた金型や、慎重な扱いが求められる精密機械など、その額が「億」を軽く超えるものもあり、破損した際の損害額も巨額になる。そのため、危険運転を繰り返す悪質な一般ドライバーによって引き起こされる荷物事故を少しでも食い止めようと、最近ではトラック車内にドライブレコーダーを搭載し、その車両を特定しようとする運送業者も増えてきている。

もう一つの〝最悪の事態〟は、「身の危険」だ。

急ブレーキを踏んだトラックは、前方のクルマとの衝突を回避できたとしても、後ろに積んだ荷物が「慣性の法則」によって前になだれ込んでくることで、運転席が潰れたり、バランスを崩して横転したりする危険に晒される。

筆者もかつて、縦３メートル、横１・５メートルにもなる板状の金型を積んで高速道路を走行している際、急ブレーキを踏んで大規模な荷崩れを起こしたことがあった。走っていた道が緩やかな上り坂だったので、荷物が前に滑り込むことはなかったが、もしそこが平らな道路だったらと思うと、今でも腰のあたりが異様に疼き始める。

トラックドライバーももちろん、こうした荷崩れ対策のために手間を掛け、工夫を凝らして日々荷積み作業を行ってはいるが、残念ながらこうした努力は、右足の「ひと踏み」で簡単に吹っ飛んでしまうことが多い。

トラックドライバーにとって急ブレーキを踏む瞬間は、何を載せていたか、しっかり固定していたか、損害額はいかほどかなどを考えたり、時には「前への衝突」と「後ろからの衝撃」を天秤にかける瞬間ともなる。トラックは、走らせるよりも「止める・停める」ことのほうが、技術的にも精神的にも難しい乗り物なのだ。

そんな危険をもたらすトラック前への割り込みだが、実はこの「割り込み」において、トラックドライバーと一般ドライバーとの間に、「感覚のズレ」が生じることがある。その原因になっているのが「車高の違い」だ。

既に述べたように、トラックは車高が高いうえに、左後方が死角になることが多い。そのため、車高の低い乗用車が、そのトラックの前に入るべく右ウインカーをトラックと並んだ状態から光らせても、トラックにはそれが見えないことがある。

一般ドライバーにとっては、長めにウインカーを出していたつもりでも、そのウインカーがトラックドライバーに伝わっていなければ、彼らには「急な割り込み」にしか感じられず、結果、不要な急ブレーキを踏むことに繋がるのだ。

こうした危険は、ルームミラーにトラックの車体がしっかり映り込むくらい前に出てから、ウインカーを4、5回ほど点滅させて車線変更することで回避できる。そのくらいの車間と時間があれば、トラックにも、安全な車間を取り直す余裕が生まれるため、不要な急ブレーキを踏む回数は大幅に減る。

無理な割り込みで生じる結果に、いいものは決してない。どんな時でも、心と車間に余裕を持った運転を常に心がけてほしい。

停車中に車間を詰める謎

こうしたトラックドライバーの事情を説明すると、毎度聞こえてくるのが「いやいや、彼らは元々マナーが悪い」という一般ドライバーらからの声だ。確かに、マナーの悪い悪質なドライバーも存在する。同業同士で腹を立て合うこともあるし、かくいう筆者も、今までに何度彼らに吠えたか知れない。

が、こうした悪質な運転をするドライバーのほとんどは、「トラックドライバーだから悪質な運転をする」という訳ではない。トラックを降り、乗用車に乗り換えた仕事終わりの帰り道でも、彼らは大概行儀の悪い走り方をするものだ。

一方で、トラックに乗っていると、ドライバーが無意識に起こしてしまうマナー違反や、マナー違反だと知っていてもどうすることもできないことが多くある。

中でも、特に彼らが指摘されるマナー違反が、「車間の狭さ」だ。

既述の通り、一般道を走行している時や渋滞中は、車間を大きく空けて走っているトラックだが、一転、信号待ちなどで完全停止している時には、車間を極端に詰め、一般ドライバーを無意識のうちに怖がらせてしまうことがある。

こうした現象を起こす原因になるのが、トラックにある「車高の高さ」と「キャブオーバー型の車体」という二つの特性である。

乗用車の場合、アイポイント（ドライバーの目の高さ位置）はミニバンでも地上から約1・3〜1・4メートル。それに対し、車高の高い大型トラックの場合は、軽く2メートルを超える。

さらに近年、日本を走るほぼ全てのトラックは、見ての通りボンネットがない「キャブオーバー型」というタイプのもので、運転席の前に視界を遮る車体パーツがない。

ちなみに、アメリカの広大な大地を走る長距離トラックは、ボンネットが付いている、その名も「ボンネット型」なるタイプが主流なのだが、国土も道幅も狭い日本を走るには、できるだけ車体は短い方がよく、空気抵抗を深く気にするほど「超長距離」を走る訳でもないため、キャブオーバー型が最適なのだ。

これら二つの要素を兼ね備えている日本のトラックは、乗用車に比べて視界が大変広く、前の乗用車を「見下ろす」格好になる。すると、ボンネットが付いている車高の低い乗用車からよりも、前のクルマと自分のクルマの間に見える「地面の面積」も広くなり、「十分な車間を取っている」という錯覚を起こすのだ。

大概のトラックドライバーは、もちろんこうした現象を知っている。しかし、その大きな車体に乗ってまだ間もない「初心者トラックドライバー」の場合、こうした現象に気付かなかったり、適切な車間が摑めていなかったりすることがあるのだ。

その一方、一般ドライバーにも起きる「目の錯覚」がある。

乗用車のルームミラーから後ろに止まっているトラックを見ると、その一面が「トラックの壁」となり、乗用車が止まっている時よりも車間が狭く感じたり、圧迫感を覚えたりするのだ。

特に、昨今巷で流行している「ミニバン」や「軽自動車」などの後方は、「セダン」のようにトランク部分が突き出ていないため、なおさら自分のクルマにトラックがくっついているように見えるのである。

車体が大きく扱いが難しいトラックのドライバーには、乗用車以上に安全運転に努める責任と、より高度な運転知識や技術を習得する義務がある。中には大型車に乗ったことでなぜか気を大きくして、故意的に車間を詰める悪質なトラックドライバーも存在するが、ほとんどのトラックドライバーは、これらの責任や義務を守り、真面目にひたすら日本の経済を運ぶ職人たちだ。

同じ道を走る仲。「トラックドライバー＝マナーが悪い」と決め付けず、道路の安全環境構築のためにも、彼らが置かれている状況や見えている視界の違いを、まずは少しでも理解しようとしてほしいと願う。

トラックは左車線を走りたがらない？

高速道路の中央分離帯寄りの車線（最右車線）は「追越車線」であり、同車線を走り続ければ「通行帯違反」になることは、運転免許取得者であれば誰もが知っている交通ルールだ。

しかし、このルールが高速道路だけではなく、一般道でも適用されていることを知るドライバーは、実はそれほど多くない。

道路交通法第20条には、

「車両は、車両通行帯の設けられた道路においては、道路の左側端から数えて一番目の車両通行帯を通行しなければならない」（1項）

「ただし、自動車（小型特殊自動車及び道路標識等によつて指定された自動車を除く。）は、当該道路の左側部分（当該道路が一方通行となつているときは、当該道路）に三以上の車両通行帯が設けられているときは、政令で定めるところにより、その速度に応じ、その最も右側の車両通行帯以外の車両通行帯を通行することができる」（1項）

「（略）追越しをするときは、その通行している車両通行帯の直近の右側の車両通行帯を通行しなければならない」（3項）

とある。

全ての車両は、高速道路だけでなく一般道でも、原則的に2車線の場合は左車線を、3車線の場合は最左車線か中央車線を走らねばならず、最右車線は、追い越しをする時や、緊急車両に道を譲る時、工事や事故などの道路状況でやむを得ない時にしか走ることが許されていないのだ。

それゆえ、一般道でも右車線をひたすら走り続けることは、原則的には交通違反なのである。

しかし、一般道には、高速道路とは違い、右折のために右車線に寄っていなければならないことも当然あるため、現状、厳しい取り締まりは行われていない。

実際、同件に関して職務中の白バイ隊員に確認したところ、やはり「原則的には車両の種類に拘わらず、全ての車両は最左車線か中央車線を走らなければならないが、我々も積極的には取り締まっていない」とのことだった。

つまり道路上では、高速道路、一般道に拘わらず、遅いクルマは原則「左」。

そんな中、この「遅いクルマ」の筆頭として挙げられるのが、やはりというべきか、トラックである。

今回、SNS上や休憩中のトラックドライバーたちに直接「一般道の最左車線走行」について話を聞いたところ、意見のほとんどが「最左車線の走行は避けたい」「走れない」というものだった。

その理由を紹介しよう。

①右折したい

他でもない。トラックだって右折することはある。しいて言えば、トラックはその車体の長さゆえに身軽に車線変更できず、移れる時に移ろうと、早い段階から右車線に入って走り続けることがある。

ちなみに、右折レーンで信号待ちしているトラックの中には、隣車線を走るクルマとの接触を避けるために、左サイドミラーを畳んでいるドライバーも少なくない。

②前を走る左折車の存在

一般道の最左車線を走ると、左折したい前方のクルマが歩行者の横断を待つたびに詰まり、その都度ブレーキを踏まねばならない。

こうしたクルマの詰まりによるストレスは、無論一般車にも生じるのだが、これまでにも解説してきた通り、トラックは頻繁にブレーキを踏むことで、シフトチェンジや速度回復時間だけでなく、クルマへの負担なども生じるため、乗用車以上に最左車線が走行しづらいのだ。

③二輪車の存在

こちらもすでに触れた通り、トラックにとって自転車や原付などの二輪車は、死角にピンポイントで入り込む、大変恐ろしい存在である。

特に交通ルールを知らない自転車が車道を走っていると、こちらが安全運転していても危険が拭えない。それに、側溝や道路のデコボコ、ゴミなどで突然ふらつかれると、命に関わる事故を起こしてしまう。当然「命に関わる」のは、二輪車側だ。

こうした危険回避に対する考えは、歩行者や原付、自転車利用者側も同じのようで、「事故に巻き込まれる確率が減るため、我々もトラックが最左車線を避けてもらえると嬉しい」という声があった。

④街路樹や標識の存在

最左車線には、こうした自転車たち以外にも大きな障害がある。沿道から伸びる街路樹や標識だ。

図体の大きいトラックにとってこれらは、接触の危険が大いにある障害物だ。特に街路樹の枝は大敵。トラックは一見、頑丈そうだが、箱車の荷台はアルミになっていたり塗装されていたりするため、すぐに傷が付く。

中でも「損害」が出るのが、「キャリアカー」だ。キャリアカーは、何台ものクルマを載せて運ぶトラック。商品であるクルマを、むき出しのまま載せて走るあのトラックにとって最左車線を走ることは、かなりのリスクがあるのだ。

⑤通行帯が指定されている

一般車に乗っていると気付きにくいのだが、都心部の幹線道路など、カーブや人通りが多いところでは、交通標識によってトラックの走行車線が中央分離帯側（最右車線）に指定されていることがある。

その理由は各道路によってまちまちだが、歩行者や道路沿いに立つ建物に対して、騒音や振動、排ガスによる影響を少しでも緩和させることが主たる目的だ。

こうした事情を抱えるトラックだが、無論、中には、

「一般道とはいえ左は走行車線、右は追越車線。指定通行帯がない限り、トラックでも左を走るべき」

「社速で少しでも55キロを超えたら会社から始末書を書かされるため、最左車線を走っている」

「右側を走りたがるのは、社速等の縛りのないトラック。教育された会社の乗務員は左側を少々我慢して走っている」

とするドライバーも存在する。

とりわけ、けん引車である「トレーラー」は、引っ張っているコンテナが沿道の街路樹などに当たって傷がついても大きく気にすることはないし、超重量を引っ張る手前、発進から速度を上げるまでにトラック以上に時間と手間がかかり、周囲のクルマの流れを阻害する恐れがあるため、多少走りづらくとも、最左車線のほうが精神的には楽だとするドライバーが多い。

事故や接触のリスクを取るか、はたまたルールを取るか。

もちろん最左車線を走らねばならない前提はあるが、トラックには、こうした車種や

載せている荷物などによって、同車線の走行を避けたい、走れない様々な事情や感覚の違いが発生することもあるという事情を、是非知っておいてほしい。

路駐で休憩せざるを得ない事情

２００６年、集荷や集配のための一時的な路上駐車であっても、即刻駐車違反となる「改正道路交通法」が施行され、各宅配業者は対応に追われた。

それでも朝の通勤ラッシュ時には、道路を塞ぐようにして停まっているトラックや、時には長い列を成し、ハンドルに足を上げて寝そべるドライバーたちの姿を目撃することがある。こうしたトラックは、一般車からすれば邪魔でしかなく、「よりによってなんでこんなところでサボってるんだ」とイライラしたことがある人も少なくないはずだ。

しかし、彼らは決してサボっているわけではない。結論から言うと、彼らがしているのは「時間調整」。トラックドライバーにとって、現状「待つ」という作業も一つの大きな仕事となっているのだ。その事情を説明していこう。

先にも述べたように、トラックドライバーの仕事は「トラックの運転」だけではない。彼らには「荷物を安全・無傷・定時に届ける」という責務もあり、存在意義からすると、むしろ後者のほうこそ彼らの本職だといえる。それゆえ、遅れて現場に到着する、いわゆる「延着」は、彼らがトラックドライバーとして仕事をするうえで「事故」の次に犯してはならない失態で、最も恥ずべき行為の一つだ。場合によっては「荷崩れ」と同じように、高額な損害賠償の対象にさえなる。

道路状況は天候や事故の有無などにも左右されるが、雪が降ろうが台風が来ようが彼らには関係ない。渋滞や交通規制をかいくぐり、時には仲間と情報共有しながら延着せぬように道路をひた走る。こうして到着した現場周辺で、約束の搬入時間まで「休憩」という名の時間調整を行うのだ。

一方、そんな「延着」の反義語として「早着」という言葉がある。意味もまたその逆で、「指定時間よりも早く現場に入る」ことなのだが、トラックの世界において、この早着も同じくやってはいけない行為であることは、世間にはあまり知られていない。

早着がＮＧだとされる理由は、「荷主の都合」であることがほとんどだ。現場が１日の作業を円滑に行えるよう、トラックによる搬入は、「朝一番」に集中することが多いのだが、その際、道中が順調で現場に指定時間より早く到着しても、荷主が各トラックを受け入れる順番を細かく決めていたり、到着順にトラックを待たせたり、中には、前のトラックの作業が終わるまで、構内への進入を禁止するところすらある。
「荷主の都合」はそれだけではない。時に「1分単位」で搬入時間を指定してくる中、彼らは「近隣住民への配慮」などから、トラックに「現場近くでの待機」をも禁じる。

さらに、その細かい指定時間を守って現場に到着したとしても、構内作業が遅れれば、後に続くトラックの待機時間（＝荷待ち）も長くなり、結果的に彼らはその間、完全に居場所を失うことになるのだ。

早く行っても入れてもらえず、近くでの待機も許されない。近隣住民への配慮はあってもトラックへの配慮がないこうした実情により、搬入先から離れた路上には、深夜に必死の思いで高速を走ってきた彼らの仮眠姿が溢れるのである。

トラックドライバーの路駐が絶えないのは、ある「決まり」にも原因がある。それが「改善基準」だ。

この改善基準とは、「自動車運転者の労働時間等の改善のための基準」（厚生労働大臣告示）の略で、他業種以上に不規則かつ長時間労働になりやすいトラック、バス、タクシーなどの運転業に携わる人のために、給与や全体の労働時間に対する一般的な労働基準を定める「労働基準法」とは別に、働き方や休み方、走り方などを細かく定めている規則だ。

業界の性質上、この改善基準にはいかんせん「特例」が多いのだが、ドライバーの基本的原則には、

①４時間走ったら30分休憩（通称「４３０」）
②運転できる時間は、２日平均で１日あたり９時間以内
③翌日の勤務まで休息時間を８時間取らねばならない
④拘束時間は原則１日13時間以内。最大16時間以内で、15時間を超えていいのは週に２回まで。１か月の拘束時間は２９３時間以内

といったものがある。

本来はトラックドライバーを守るための規則ではあるのだが、この義務付けられた休憩によって、彼らはたとえ時間や駐車場所がなくとも、どこかで休憩を「取らねばならなく」なり、むしろ精神的疲労の原因になってしまっているのだ。

そんな中、トラックドライバーたちにとって、唯一「町中のオアシス」となるのが、「駐車場に大型トラック専用レーンを設置しているコンビニ」だ。都心にはほとんど存在しないが、駐車場のスペースが広く取れる郊外や、高速道路の入口付近などでは、目

にすることがある。

誰の邪魔にもならず、トイレや温かい食事にまでありつけるのは、精神的にも肉体的にも疲労感が全く違う。数年前までは、多くのコンビニが「大型トラックお断り」だったことを考えると、こうした変化はドライバーにとっては大変ありがたい。

だが、トラックが路上で邪魔者扱いされないようになるまでには、まだまだその数は足りていない。いや、「足りていない」というよりは、クルマの通りが少なく車線も多い郊外よりも、交通量が多く、狭い道が入り組む都心や住宅街近くにこそ欲しい場所、といったほうが正しいのかもしれない。

しかし、そんな彼らの弊害になるのが、大型車専用レーンに駐車する乗用車の存在。徹夜明け、運よく見つけた「駐車できるコンビニ」で、同レーンに収まる一般車に気付いた時の落胆度合は、後ろに積んだどんな荷物よりも重い。

スピードは出すな。途中休みも取れ。でも遅れるな。早く着いても近くで待つな。

もちろん、他車の迷惑になる行為は決して許されることではないが、述べてきたように、トラックの世界にはドライバーが無意識に起こしてしまうマナー違反や、マナー違反だと知っていてもどうすることもできない、こうした「日本社会全体の構図」が存在する。

改正道路交通法により、街にはコインパーキングが急増し、路上駐車する乗用車は劇的に減少した。が、そのコインパーキングのほとんどは、大型車仕様にはなっていない。我々の生活を下支えするトラック。彼らを厳しく追及したり取り締まったりする前に、その存在を含めた環境を構築する必要があると、路駐するトラックに遭遇するたび思うのだ。

なぜハンドルに足を上げて休憩するのか

他の一般ドライバーからしてみれば、「路駐のトラック」はただの邪魔でしかなく、その存在だけでも大きなストレスになるというのに、その車内のドライバーがハンドルに足を上げてふてぶてしく休んでいる姿まで目に入ってくれば、イライラはさらに募ることだろう。

長距離を走るほとんどの大型トラックの座席後部には、大人一人分の「ベッドスペース」がある。決して広いとは言えないものの、大柄な男性でも、横になって睡眠を取るには足りる空間だ。が、それでも彼らは、敢えてあのような足を上げた体勢で休憩を取ることがある。

その理由は、「不規則な休憩時間」にある。

彼らが取れる休憩時間のタイミングや長さは、とにかく悪く、そして短い。

荷主の元で数時間かけて荷積みをし、搬入先に向けて夜の暗闇をひた走る。ようやく気分が乗ってきたところで、先にも紹介した「4時間連続走行で30分の休憩」を取るタイミングとなり、先を急ぎたい気持ちを抑えて駐車場所を探し、クルマを停める。

途中、事故渋滞や交通規制に巻き込まれれば、タイトな時間との戦いに気を揉み、搬入先付近に到着する頃には、睡魔も疲労も限界。が、それらを解消できるほどの休憩を取れないまま、搬入先での荷降ろしの時間がやってくるのだ。

そんな状況の中、わずかな仮眠のために、後ろにあるベッドへ体を埋めるとどうなるかは、トラックドライバーでなくても想像に難くないだろう。「寝過ごす」のだ。疲れ切ったその体には、ベッドはあまりにも快適すぎるのである。

こうして短い休憩の際は、多くのドライバーが運転席で仮眠を取ることを選択するのだが、その狭く不安定な座席で、最も楽にいられるのが、例の「ハンドルに足を上げた体勢」なのだ。通称、「足上げ」。束の間、アクセルやクラッチから解放された足を、心臓よりも高い位置に置くことで、長時間の着席状態で生じた「浮腫《むく》み」を和らげる。が、そんな体勢が「快適」であるわけがない。数十分もすれば襲ってくる足のしびれや腰の痛みが、皮肉にも彼らの「目覚まし代わり」になるのだ。

筆者もトラックを運転していた当時、足の浮腫みには大変悩まされていた。走り始めたらストレッチどころか、立ち上がることすらできなくなるため、手で押して確認するふくらはぎの「パンパン度」は、まさに「低反発マットレス」だった。

トラックに乗り始めてしばらく経ったある日のこと、あるサービスエリアで毎度仲良くしてくれていた例のトラックのおっちゃんたちに「足が浮腫む」とこぼしたところ、「こうすれば幾分楽になるぞ」と、わざわざ実演交えて教えてくれたのが、この「足上げ」だった。一応女性である手前、彼らのように高々と上げることは憚られたが、両足をハンドルと窓の間に入れ込むだけでも、その違和感は大分和らいだ。

見た目には決して褒められた格好ではないが、この「足上げ」をトラックドライバーに推奨する専門家も少なくない。というのも、トラックドライバーの労働習慣には、「エコノミークラス症候群」を引き起こす要素が非常に多いからだ。

エコノミークラス症候群とは、足や下半身の血流が悪くなり、できた血液の塊（血栓）が肺の血管に詰まる病気で、呼吸困難や胸痛などを引き起こし、最悪の場合は死に至ることもある。東日本大震災時、避難所での突然死や車中死が頻発したことで、国民に広く認知されるようになった病でもある。

トラックドライバーは、長時間狭い車内で過ごさねばならないだけでなく、クルマを停められる場所の少なさから、トイレの回数を減らそうと、水分の摂取を抑えたり、眠気防止のために足を温めすぎないようにするなどといった、独特の「長距離運転対策」を講じることがある。が、皮肉なことに、こうした行為は、エコノミークラス症候群を引き起こす大きな要因となる。

一方、そのエコノミークラス症候群の効果的な予防策の一つが「足を高くして寝ること」。つまり、ドライバーが楽な体勢として取る「足上げ」は、エコノミークラス症候群予防としても、理に適っているのだ。

しかし、見た目の問題や衛生的観点、さらには「食わせてもらっているハンドルに失礼だ」という企業理念などから、中にはこの「足上げ」を禁止する運送業者や荷主も存在する。が、ドライバーとて足上げなどせず、休憩時間くらい後ろのベッドで眠りたいというのが本音なのだ。

「国の血液」と称される日本のトラックドライバーだが、こうして十分な休憩や睡眠時間、ひいては健康すら保障されない彼ら自身の体内では、ホンモノの血流に血栓ができる危機が迫っているという皮肉な現象が起きている。その根源にあるのは、彼らを取り巻く過酷な労働環境や荷主都合主義の風潮、時代に合わない商習慣やインフラなどだ。

さらに、これらの原因は昨今、悲惨な交通事故やドライバー不足などといった「物流の血栓」をも生み出し始め、彼らの労働環境をより一層悪化させている。

こうなればドライバーも、足だって上げたくなる。いや、彼らが上げたいのは、足ではなくもはや〝両手〟なのかもしれない。

路上で見る彼らの足上げ姿は、過酷な労働環境の表れだ。

「足上げて寝とると、足でクラクション鳴らしちまって、びっくりして飛び起きるんだよな」と明るく笑い合う、あの頃のおっちゃんたちを思い出す。フロントガラス越しの「足上げ姿」ひとつで、彼らが「サボっている」と単純に誤解されるには、あまりに悲しい背景がそこにはある。

休憩時にエンジンを切らない理由

何かと肩身の狭い思いをすることの多いトラックドライバーだが、彼らにはもう一つ、大変よく聞かされる声がある。「どうしてエンジンを切らずに休憩するのか」だ。

高速道路のサービスエリアやコンビニの駐車場、路上などで、エンジンを掛けっぱなしにして休憩しているトラックを目撃することはないだろうか。

傍から見れば、彼らの存在はただただ邪魔で、エンジン音もうるさく見た目も図々しい。とりわけ、常に出される排出ガス問題に絡めると、「その休み方は理解できない」「無神経だ」とする声はより大きくなる。

まず言っておきたいのは、トラックドライバーとて、アイドリングをすることには罪悪感がないわけではなく、できることならばエンジンは切って休憩したいと強く思っていることだ。しかし、それでもドライバーにはエンジンを切れない事情がある。

他でもない。「夏は大変暑く、冬は至極寒い」のだ。

その度合いは乗用車と変わらないため、トラックドライバーでなくとも想像に難くないだろうが、あの温度環境は「我慢して仮眠すればいい」という域を越えている。

地域や状況にもよるが、夏場の車内温度は70度近くにもなり、熱中症による死亡事故は毎夏ニュースで耳にするところだ。

一般的に長距離トラックドライバーは、朝イチに荷主の元へ向かえるよう、時間と相談しながら走り、その後、夜中8時間の仮眠を取ることが多い。

その際の停車場所は先述通り、サービスエリアやコンビニの駐車場、路上などになるのだが、そこにはやはり自分と同じように時間調整をしながら休憩を取るトラックが多く集まっており、排出ガスが車内に入ったり、エンジン音や後述する冷凍機の音がうるさかったりするため、窓を開けて温度調整することも難しい。

冬は冬で、車内は北国でなくとも白い息が出るほど寒く、手足が冷えて眠れない。

エンジンを切っても温度調節ができる多くの「車載用暖房機器」が販売されてはいるものの、費用が相当かかるうえ、数時間かけて温めておく必要がある割に使用可能時間が短かったり、外気温によってはほとんど効果がなかったりと、全面的な解決に繋がるアイテムにはなっていないのが現状だ。

アイドリング状態で休憩するのには、他にも事情がある。「後ろに積んだ荷物を守るため」だ。

トラックには「冷蔵冷凍車」という種類のクルマが存在する。その名の通り、荷台に冷蔵・冷凍機能が付いた、いわゆる「クール便」だ。

大きく分けるとこの冷蔵冷凍車には「サブエンジン式」と「直結式」という2つの種類があり、サブエンジン式のトラックは、冷凍機の音が大きいものの、クルマのエンジンを切っても荷室を冷やし続けられるのだが、一方の直結式は、トラックのエンジンの動力を使って冷凍機のコンプレッサーを駆動するため、クルマのエンジンを切ると冷蔵・冷凍機能も同時に切れてしまうのだ。

さらにもう一つ、エンジンが切れない理由がある。「クルマを故障させないため」だ。お気付きの方もいるかと思うが、最近は昔と比べて、後続車のドライバーが息を止めたくなるような黒い煙をふかすトラックを見かけない。「排ガス規制」というルール制定後、それに準ずるトラックが製造されているからだ。

この排ガス規制仕様のトラックには、「排出ガス浄化装置」という、排ガスに含まれる有害物質を取り除くフィルターが搭載されている。そして、ここに溜まったススを排除する作業、通称「スス焼き」をしないと、フィルターが詰まり、エンジントラブルが起きてクルマが壊れてしまうのだが、その際、ドライバーがしてはならないのが「エンジンを切る」ことなのだ。

この事情を知らない世間からは、「駐車中エンジンを掛けっぱなしにするな」、「環境に悪い」といった声が聞かれるが、トラックの構造上、スス焼きはある程度走ると必ず発生する作業であるため、トラックドライバーにはどうすることもできないのである。

トラックドライバーがこうした「無駄なアイドリング」を、他人に迷惑がかかる場所だと分かっていながらもせざるを得ないのは、「トラックステーション」などの休憩所の少なさ」にも大きな要因がある。

現在、トラックドライバーが心置きなく休憩できる「トラックステーション」は、全国で約30か所しかない。宿泊施設が完備されているところで絞ると、その数はさらに少なくなる。

そんな状況下、延着だけでなく、早着すら許されず構外待機させられれば、行き場のない彼らは、嫌でも路上でアイドリングをしたまま足を上げて休憩するしかないのだ。

一方、アイドリングで出される排出ガスは、昔よりもその量は減ったものの、少なからず出ているのも事実。これらの現状を受け、各運送業者は「デジタルタコグラフ（運行記録計）」でドライバーのアイドリング時間を計測したり、アイドリングストップ機能の付いたトラックを取り入れたりと、ドライバーに不必要なアイドリングをさせないよう努めている。国土交通省やトラック協会も、排ガス規制の強化や、車載用冷暖房機器の購入に対する助成金の交付を行うなど、様々な面からトラックの排出ガス削減に取り組んでいる。

また、こうしたトラックの排出ガス削減に関しては、我々にもできる部分がある。「再配達」の発生を減らすことだ（再配達については、第5章で詳述する）。

トラックドライバー自身も、できれば人の邪魔になどなりたくないし、無駄なアイドリングもしたくはない。待ち時間くらい足を伸ばせるところで休憩したいのだが、それができないのが、日本の物流の現状なのだ。

高速道路の「深夜割引」がもたらす功罪

最後にもう一つ、トラックの裏事情として、現在トラックドライバーが最も頭を悩ませる高速道路の「深夜割引」について紹介しよう。

高速道路の深夜割引は、自動料金収受システム（ETC）を利用したクルマが、午前0時から午前4時までの時間帯に高速道路を走行した場合、高速料金が3割引になるサービスだ。無論トラックだけではなく、他車両も利用できる。

例えば、東京から大阪（吹田）までかかる大型自動車の高速通常料金は、１万７９００円。これが深夜割引を利用すると１万２５３０円となり、５０００円以上高速代が浮く。

「送料無料」の時流や、競合他社との価格競争に対応するべく、安い運賃が定着する昨今の運送業界。

それゆえ、毎日朝イチで遠方の取引先へ荷物を届ける長距離トラックにとっては、この割引サービスの存在は大変に大きい。中には同サービスを利用し、毎月数百万円以上の高速代を浮かせる業者もいる。

また、この割引を受けないと、収入に直接響くドライバーも存在する。会社との雇用体系によっては、毎月の給与が、ドライバーの売上から高速代を引いた金額からの歩合だったり、深夜割引で浮かせた分が給料に反映されたり、さらには、荷主から高速代が出ず自腹を切らねばならなかったりするケースもあるからだ。

しかし、これほど利益や収入に貢献する同サービスであるにも拘わらず、業界内から聞こえてくるのは「有り難い」というポジティブな声だけに限らない。むしろ、「現在の割引制度こそが、運送業界の抱える大きな問題の要因になっている」と、改善や変更を望む声が多く挙がっているのである。

同サービスがもたらす運送業界の問題とは、主に三つある。

第一に、迷惑・違法駐車だ。現在の深夜割引は、先述通り午前0時から4時まで。この時間帯に、ほんの僅かでも高速道路内にいれば、割引が適用される。

つまり、午後11時59分に高速を出るのと午前0時を回って出るのとでは、先の例のような大きな差額が生じるのだ。そのため、ドライバーに「0時まで高速を出るな」と指示する運送業者も少なくない。

こうした「0時までの高速内待機」で発生するのが、大型車の駐車マス不足。

平日夜の主要SAやPAに行くと、大型専用車のマスには、全国津々浦々のナンバープレートを引っ提げたトラックが、大きなタイヤを並べて駐車しており、空いているマスは、全くといっていいほど存在しない。

その結果、遅めに入って来たトラックは行き場を失い、本来駐車してはいけないところに、ダメだと思いながらも身を置いてしまう。

夜間、SA・PAの小型車エリアのマスや、出口の本線合流に接する路肩、インターチェンジ出口手前などに、多くのトラックが停まっているのは、そのためだ。

第二に、改善基準告示違反と休息時間不足。先程も紹介した通り、「改善基準」には、「4時間走ったら30分休憩」や、「１日（ないし2日間）に走れる時間」、「翌日の仕事まで原則的に連続8時間の休息を取らねばならない」といったルールが決められている。

しかし、長距離ドライバーによくある「朝イチ８時に取引先」という業務では、０時を待って高速を降り、取引先付近で休息しようとすると、この「８時間」が守れなくなるのだ。そのため、

「せめて深夜割引が22時からであれば、高速を降りてから目的地付近で休息を取ろうとするドライバーが増え、ＳＡ・ＰＡの夜間の混雑も幾分緩和されるのに」

「『最寄りのＳＡ・ＰＡに行っても停められないかもしれない』という不安は、相当なプレッシャーになる」

と嘆くドライバーも多い。

「急ブレーキ」の項で「トラックは、走らせるよりも『止める・停める』ことのほうが難しい」としたのには、こうした事情もあるのだ。

そんな精神的負担を回避すべく、中には、最寄りではなく、かなり手前のＳＡ・ＰＡ

で妥協するドライバーもいるが、そうすればその分、起床時間が早くなって疲労が抜けないだけでなく、早朝の移動距離が長くなり、事故や渋滞の遭遇率も上がるため、延着の危険性も高くなる。

そして、深夜割引がトラックにもたらす最後にして最大の問題は「ドライバーの長時間労働」だ。

深夜割引の適用を前提に、改善基準の「8時間休憩」と「走行時間」を逆算すると、不必要に早く出勤・出庫し、途中で長いこと時間を潰さねばならないことがあるのだ。

また、長距離ではなく、近場への配達で早朝から運行するトラックも、割引を利用するには午前4時までに高速道路に入っている必要があり、こちらも早めの出勤・出発が求められ、ドライバーはその後、やはりどこかで待機せねばならなくなる。

精神的により辛いのは、「戻り便」だろう。本来ならばもっと早く会社へ帰れるはずであるところ、0時をSA・PA内で待って高速を降りれば、当然拘束時間は長くなる。

今回、SA・PAに停まっていたトラックドライバーや、SNS上でアンケートに協力してくれたドライバーに、この深夜割引に対して意見を求めたところ、

●深夜割引を利用するために、必要以上に早く出庫する。或いは、0時を待ってPA等

で待機することは多々あります（指示されなくても、利用高速代が給料に影響する場合も多いので）

●本来ならばもっと早く帰庫できるところ、この割引の時間がくるまでサービスエリアで待つので、拘束時間は伸びるし、どこも無駄に混み合う。仕事も終わり、後は帰るだけなのに、ゴールを目前にして停まらなければならない時は、「何やってるんだろう」という気分になる

●拘束時間が長い運転手をさらに拘束し、東名新東名上りのＰＡ等休憩場所の深刻な不足に拍車を掛けている悪しき制度だと感じます

●日本のライフラインを支えるトラックに関しては終日割引にしてもらいたい。それがトラッカーの拘束時間問題解決の近道にもなり、ＳＡ・ＰＡ問題も少なくなると思います。当社ドライバーもそろって同じ声を上げています

といった返答があった。

トラックとて、好きであんな危険なところに停まっているわけではなく、悪気なく迷惑駐車しているわけでもない。顧客や消費者の要望に応え、安く早く運ぶ図体の大きい彼らには、とにかく居場所がないのだ。

「駐車違反をしてまで休むな」と言われるかもしれないが、「休息を取る」ことも、トラックにとっては道路交通法と同じく守るべき立派な規則であることも知っておいてほしい。

トラックドライバーの「足上げ」

第3章　トラックドライバーの人権問題

ドライバーが一つひとつ手で積んだ荷物

トラックドライバーは底辺職なのか

様々なトラック事情を書いていると、よく見受けられるのが、「トラックドライバーのような底辺職だけには就きたくない」なるコメントなのだが、どうか安心していただきたい。こうした気持ちの方々には、トラックドライバーは絶対に勤まらない。

皮肉でもなんでもない。筆者を含め多くのドライバーが、3日ともたずに辞めていく人たちを、今まで数えきれぬほど見てきているのだ。「〝底辺職〟は、我慢すれば自分でもできる」という前提で考えていたら大間違いなのである。

そもそも〝底辺職〟とは何なのか。世間が共通して抱くニュアンスは、「給与が安く、3K（きつい・汚い・危険）で、労働環境の悪い不人気な仕事」といったところだろうが、その定義や〝底辺〟とする根拠は、元々かなり曖昧だ。

それがゆえに自分の仕事だけでなく、第三者の職の過酷さを表す用語としても軽々しく使われることがあるのだが、他人の仕事を「底辺職だ」とするのは、「職業差別」以外の何ものでもない。

これまで何度も紹介してきたとおり、トラックドライバーの職は過酷だ。傍から〝底辺職〟と思われるのも、原因の多くはこの過酷さにある。

その図体の大きさゆえに、走っていても停まっていても邪魔扱いされ、荷主に指示されるがまま手荷役作業（手で一つひとつ荷物を積み降ろすこと）し、眠い目をこすって長距離運転。これらの運行状況はデジタコ（デジタルタコグラフ）で会社に逐一管理され、荷物事故を起こせばその荷の「買取り」までさせられるケースもある。

また、運転中は「命の危険」と隣り合わせになるだけでなく、下手をすると「加害者」にもなり兼ねず、常に緊張を強いられるため、体力だけでなく精神面からも過酷な仕事であるといえる。

しかし、「トラックドライバー＝底辺職」というイメージの形成は、こうした業界内の労働環境だけによるものではない。中には、世間が無意識のうちにしている「トラックドライバーの軽視」や「職業差別」が彼らを〝底辺〟に追いやっているケースもある。

例えば、ECサイトなどの通信販売でよく見られる「送料無料」という言葉。

この4文字が、上記のような労働環境で働くドライバーの努力のもとに成り立っているものだと意識する消費者は、残念ながらそう多くはない。

少ないながらも実際発生している輸送料・送料に対して、「送料弊社負担」や「送料込み」など、他にいくらでも言い方がある中、わざわざこの「無料」という言葉が使われることに、「存在を消されたような感覚になる」と漏らすドライバーもいる。

また、スポーツ選手が怪我や成績不振によって戦力外になり、トラックドライバーに転身したというエピソードが時折ドキュメンタリー番組などでセンセーショナルに取り上げられ、「転落人生」などと題されることがあるが、筆者は現役ドライバーのころから「トラックドライバー」という職を「人が〝転落〟した先でする仕事」だとは一度も感じたことはない。むしろ、こうしたスポーツ選手ほどの体力と精神力、スキルが必要な「専門職」だと思っており、今もその考えは変わっていない。

世間が当事者の感情を知りもせず「誰でもできる〝底辺職〟」というイメージを植え付けてしまうことに、大変な違和感を覚えるのだ。

さらに、昨今物議を醸している「交通事故を起こした際の処遇の違い」にも大きな引っかかりを抱く。

交通ルールを守っていた歩行者を轢《ひ》いて死亡させても逮捕されない暴走ドライバーがいるのに対し、トラックドライバーは安全運転していても、突如現れたサイクリストや自殺志願者など、回避できない対象を轢くと、「交通強者」であるという理由から、現行犯逮捕された挙句、高確率で実名報道される。

昨今巷を騒がす「上級国民」という言葉を耳にするたび、トラックドライバーは、世間以上にその〝違い〟を深く考えさせられるのだ。

このように、理不尽なことが多いトラックドライバーという仕事。表面上で見れば、どうしても「底辺職だ」とされやすく、ドライバーの中にも実際そういう思いを抱きながら働いている人もいる。

しかし、こうした過酷な環境の中でも、自らの仕事を「底辺職」ではなくむしろ「天職」だと胸を張り、愚痴をこぼしながらも、長年生き生きと日本の道路を走り続けるトラックドライバーも数多く存在することは、是非分かっておいていただきたい。

彼らがトラックを降りないのは、「仕方ないから」や「他に職がないから」ではなく、「トラックドライバーという職が心底好きだから」だ。彼らと話していると、「過酷ならば、低賃金ならば〝底辺職〟なのか」という思いが沸々とこみ上げてくるのである。

自分が誇りをもって就いている仕事を認められなかったり、侮辱されたりすることほど、モチベーションが下がることはない。

トラックドライバー自身にも改善すべき点は多くあるが、彼らが邪魔者扱いされながらもひたすらに走っているその先には、我々の生活があるということだけでも理解してもらえると、日本の物流はもう少し明るくなる。

過失なしでも逮捕される

先に述べた「交通事故を起こした際の処遇の違い」について、もう少し詳しく話してみよう。

トラックのほとんどは、乗用車よりも馬力が高く、頑丈にできているため、双方で事故を起こすと、乗用車のほうにより大きな被害が出る。トラックが危険運転する乗用車に文句を言うのは、過失がどちらにあろうとも、彼らが毎度〝危害を与える側〟になりやすいから。そして、それがゆえに、相手に過失があったとしても逮捕されてしまうことがある「トラックの不条理」が存在するからだ。

警察庁が発表した「平成30年における交通死亡事故の特徴等について」によると、同年に発生した交通死亡事故の被害者は約半数が歩行中、または自転車乗用中だったという。

特筆すべきは、そのうちの約3分の2の被害者に法令違反があったという点だ。

先述通り、トラックは事故を起こすとその車体の大きさや高さゆえに、たとえ相手に過失があっても「怪我をさせる」側になることがほとんど。片やトラックドライバー自身は、人はもちろん、自転車や乗用車などと正面衝突しても、大きな怪我に及ばないことが多い。

歩行者や自転車相手など「交通弱者」にとって、トラックはもはや「クルマ」ではなく「走る壁」。ゆえに「交通強者」であるトラックドライバーには、相手の過失による事故でも、「傷つけた側」として、頻繁に現行犯逮捕されるという現実がある。

前例をいくつか紹介しよう。

●2018年6月

愛知県清須市の名古屋第二環状自動車道にロードバイクが進入し、2車線のうち左車線で大型トラックと衝突。ロードバイクの男性は腰の骨を折るなどの重傷、トラックを運転していた男性は自動車運転処罰法違反容疑（過失運転傷害）で現行犯逮捕。

●2014年11月

名神高速道路を軽乗用車で走行中に単独事故を起こし、その後、中央分離帯を乗り越え反対車線を歩いていた男性が、トラックや後続の乗用車など計5台にはねられ死亡。大阪府警高速隊は、トラックドライバーを自動車運転処罰法違反の疑いで現行犯逮捕。

●2013年3月

岐阜県多治見市の中央自動車道で、走行車線に停車していた軽乗用車にトラックが追突。軽自動車を運転していたとみられる中学3年生の男子生徒と、後部座席にいた男性が死亡。トラックを運転していた男性は自動車運転過失致死容疑で現行犯逮捕。

現場近くのガードレールに車が接触したような跡があったことから、事故直前に軽乗用車が同所に接触し、弾みで走行車線に停止したとみられる。

こうした「加害者という名の被害者」には、トラックドライバーだけでなく一般ドライバーでもなり得るのだが、前述通りトラックは乗用車よりも「殺傷力」が高く、また、制動距離（ブレーキが利き始めてからクルマが停止するまでの距離）の長さから衝突を避けられないことも多いため、こうした理不尽なケースが発生する確率が高くなる。

無論、「逮捕＝有罪」というわけではない。

過失がないと認められれば、「信頼の原則（相手が交通秩序に則った行動をとると信頼できる状況にもかかわらず、その相手の不適切な行動によって事故が生じた場合、自身は責任を負わない、とする考え方）」のもと、不起訴になる場合がほとんどだ。

しかし、やはり「逮捕された」という事実は本人や社会的にもインパクトが強く、また、たとえ「避けられない事故」、「自身に過失のない事故」だったとしても、自分が運転していたクルマが人を傷つけたり命を奪ったりすれば、精神的ダメージを受けるのは必至。いや、むしろ自分に明確な過失があった時よりも、過失がなかった時のほうが己の行動を反省できない分、その心の傷は深くなるかもしれない。

苦しい思いをしているのだろう。実際、筆者のもとにはこうした「加害者という名の被害者トラックドライバー」から懺悔《ざんげ》のようなメールがやってくる。

また、ニュースになった場合、メディアによっては過失のある歩行者や自転車は匿名で報道される一方、トラックドライバーは実名報道されることもある。いずれにしてもその事故でドライバーの人生が大きく変化することは間違いない。

余談になるが、昔人気を博した某恋愛ドラマ内で、主人公の男性が走行中のトラックの前へ飛び込み、「僕は死なない」と愛の告白をするシーンがあったが、真面目な話、あれが現実にあった場合、トラックドライバーからすれば、心の底から「よそでやれ」

である。

あれで彼が轢かれなかったのは、決して彼の「愛の強さ」でも「運の良さ」によるものでもなく、「ドライバーの腕の良さ」以外の何ものでもない。もしあのトラックが荷物を満載していたら、主人公は確実に命を落としている。筆者含め多くのトラックドライバーたちは、あのシーンがテレビで流れるたび、毎度そんなことを思ってしまうのだ。

歩行者やサイクリストは、道路の安全は、決して自動車だけが作り上げるものではないこと、交通ルールを犯せば、自分だけでなく他人の人生をも大きく変える可能性があることを是非肝に銘じてほしい。一方のトラックドライバーや一般ドライバーも、周囲の道路使用者がルールを守るとは思い込まず、ハンドルを握る間は常に緊張感を持って運転してほしい。

荷主第一主義が引き起こすこと

トラックドライバーが理不尽を被るのは、道路上に限ったことではない。むしろ、彼らが心身ともに疲弊するのは「荷主」とのやり取りの時であることが多い。

ドライバーにとって、荷主の言うことは「絶対」だ。所属している運送会社からの指示はもちろんだが、場合によっては、そんな会社からの指示以上に、現場で言われた荷主の要望を優先せざるを得ないこともある。

なぜか。他でもない、荷主は彼らトラックドライバーにとって〝お客様〟だからだ。そんな〝お客様〟からの無理な要望は、トラックドライバーの労働環境を悪くし、時にその身を危険にさらすことさえある。

実際、ドライバーが現在強いられている多くの負担には、この「荷主第一主義」が根源にあるケースが非常に多い。第2章で紹介した「路上駐車での休憩」、「荷待ち」、「ETCの深夜割引」、そして後述する「手荷役」などがその例だ。

中でも、彼らが毎度必ずといっていいほど直面するのが、「荷待ち」である。

荷待ちとは、「積んでいる荷物を現場で降ろすまでの待機状態」のこと。既述通り、トラックは遅れて到着する「延着」はもちろんのこと、早く現場に到着する「早着」も許されておらず、それゆえ、ほとんどの現場でこの荷待ちが発生することになる。それどころか、近所迷惑という理由で、荷主の建物付近で待機することすら禁じられることもあり、そのためドライバーには、常に早く到着した時の「待機場所」を考えて、走ったり時間調整したりする必要が生じるのだ。

ここまで荷主が「時間」にうるさくなるのは、昨今日本の産業界で定着している、「ジャスト・イン・タイム方式」と呼ばれる生産方法に要因がある。

某自動車メーカーが開発したとされる同方式は、「必要なもの」を、「必要なとき」に、「必要な量」だけ供給するという考え方で、今や「無駄を省く」、「効率を上げる」を徹底する日本の産業界に、幅広く浸透している。

しかし、この方式を採用した場合、会社は「時間ちょうど」にその品物や製品が必要となるわけで、さすれば必然とあおりを受けるのは、それらを運ぶトラックドライバーだ。渋滞していようが、逆にどれだけ早く着こうが、彼らはとにかく「時間通り」に現場入りすることを求められるようになる。

それでいて着荷主（受け取り手の荷主）自身は、余裕のある時間配分をしているのか仕事が遅いことも多く、時間通りに到着しても荷降ろしさせてくれなかったり、他のトラックの作業が終わるまで3時間以上待たせたりするため、トラックドライバーの拘束時間は伸びる一方。あれだけ気にして走ってきた「時間」は、ひと度現場に到着すると「潰すもの」と化すのだ。このような荷主都合による荷待ちに対しては、トラック運送事業における適正な運賃・料金の収受に向け、国土交通省が2017年から「待機時間料」を規定したにも拘わらず、支払いはおろか、荷待ち時間短縮を目指した改善努力すらなされない現場が非常に多いのが現状。中には運転時間よりも荷待ち時間の方が長くなるドライバーもおり、「自分の生業は運転業じゃなく待機業」と、諦め半分に皮肉る。

現在、多くの荷待ち現場では、他トラックが作る長い列の最後尾に並び、前車がじりじりと動くたびに自車も前へ進ませねばならず、おちおち休憩もしていられない。長時間運転し、軽い仮眠しかとっていない彼らにとって、この待ち方は非常に辛い。時には、寝落ちしたところ順番を飛ばされ、痛み分かち合うはずのドライバー同士でトラブルになることもある。最近は、ドライバーに携帯を持たせ、順番が来ると連絡してくれたり、最新のスマホアプリで呼び出してくれたりする荷主も徐々に増え始めているというが、それでも、筆者が現役時代の時からある、この古く原始的な待ち方が、今でも変わらず王道であり続けていることに、物流業界全体の「体制の古さ」を垣間見るのだ。

ちなみにこの「ジャスト・イン・タイム方式」は、筆者に毎度「会席コース料理」を連想させる。あれほど繊細な味の料理を、ほどよい量、絶妙なタイミングで順に提供する日本のサービス意識。その「滞りない流れ」においては、業界関係なく、同じ感覚があるんだろうと、元トラックドライバーとしても、元工場経営者としても思うのだ。

そんな「荷主第一主義」の中でも、筆者が最も悪質だと思うのが、「過積載」だ。

トラックドライバーは、法で定められている積載量以上の荷物を荷主から「いいから積んでいってよ」と頼まれることがある。実際、現役時代の筆者も、大型連休に入る直前などに、得意先から「(連休は自分たちが休みたいから)今日これも一緒に持って行って」と、過積載を強要されたことが数え切れないほどあった。

過積載のトラックは、制動距離が長くなり、走行中の車体もバランスが非常に不安定になる。これにより衝突・転倒したトラックは、通常よりもはるかに大きな被害をもたらすことは想像に難くない。

2018年9月、千葉県の県道で、緩やかな下り坂を走行していたトレーラーが青信号の交差点を左折した際に横転し、その先で信号待ちをしていた軽自動車が下敷きになった事故を覚えている方もいるだろう。軽自動車は、原形が分からないほど変形。乗っていた3名が死亡したが、この事故の直接的な原因も、過積載だと言われている。

「走ることを食べること」にしているトラックドライバーにとって、このような重大な交通違反は、多方面で「命取り」だ。ゆえに昨今、警察による取り締まりや、運送業界の働きかけも強まり、現役のドライバー曰く、こうした過積載の強要は、ひと昔に比べて大幅に減ったという。が、そんな現在においても、一部の運送業者や建設現場のトラックドライバーから、「未だに過積載を強いられる」といった声が筆者に届くのも事実だ。

その大きな原因になるのが、荷主の道路交通法に対する認識の甘さだ。

「これも積んでいってよ」と軽い気持ちでドライバーに過積載を強要する荷主は、過積載がいかに危険か分かっておらず、罪の意識も道路交通法の知識も希薄な人が多い。

また、汎用性が高く、運送業界の中でも最もよく使用されているトラックの一つに「4トン車」と呼ばれる中型車があるのだが、これを知識の浅い荷主が「4トン車なら4トン積める」と誤解しているケースもある。

トラックの「最大積載量」は、「車両総重量」から「車両重量」と「乗車定員（一人当たり55キロ）」を差し引いた分のみ。クレーンや昇降装置、冷蔵冷凍車に必要な装置などがトラックに取り付けられるほど、載せられる荷物の重さは少なくなり、4トン車の場合、最大積載量が3トン以下になることもザラなのだ。

建設現場で使用されるダンプカーの場合においては、石や砂、鋼材など、積み荷の比重が高いものが多く、過積載の頻度とリスクがより高まる傾向にあるという。また、ダンプカーが運ぶ石や土、砂利などは、運送トラックが運ぶ一つひとつの重さが分かりやすい段ボールや個体とは違い、重さが千差万別で、現場で曖昧にされやすいことも原因となり得る。「3割超えは当たり前で5割超えて少し積みすぎくらいの感覚」、「土木建設業界の現場は無法地帯」、中には「いつ事故の当事者になるか知れない」と、自身の身の危険を訴えてくるドライバーも少なくない。

そんな中、トラックドライバーが所属する業者は、荷主から「積めなきゃ他の会社に任せる」と言われることを恐れ、「客の要望なら仕方ない」と、暗に過積載をドライバーに指示してしまうこともあるという。

いわずもがな、過積載はドライバーだけでなく、運送業者や荷主も処罰の対象になるのだが、事故が起きた場合、誰よりも心に傷を負うのは、他でもない自社のトラックドライバーなのだ。

筆者がある日、SNS上で現役トラックドライバーに投げた「今までの大失敗は何か」という質問に、こんなメッセージが届いた。

「自分は以前過積載で事故を起こしてしまいました」

「よかったら詳しく話を聞かせてくれないか」と返信したところ、しばらく彼からの返事は途絶えた。

長いメッセージが返ってきたのは、それから半年ほどしてからだった。

「積み場所にいくと、そこには10トン分の積み伝票の他に、もう一枚『ウン千キロ』と書かれた別伝票がありました。荷主に『積まなきゃ駄目か』と尋ねると、出来れば積んで欲しいとのことでした。会社に連絡したところ、管理者から『積め』との命令があり、荷主の指示通り積んで出発しました。

夜中に時速70キロで走行中、赤の点滅側から軽自動車が一時停止せず道路に進入。ブレーキをかけましたが、間に合いませんでした。

即座に警察と、救急車を呼びました。が、軽自動車の運転手は死亡。死因はシートベルトが胸に食い込んだことによる心臓破裂でした。まだ20歳の大学生。外傷もなく口から血を出した状態でした。シートベルトが胸に食い込んでおり、ハサミでそれを切った記憶があります。

現場検証後、自分は免許停止になりました。会社と荷主は、10日の営業停止。他ドライバーからは『オマエのせいで生活出来ない』と罵倒されました。指示したのは会社の運行管理者なのに、なぜ自分が非難されるのか。当時若かった自分には、不思議でなりませんでした。

結局、他の社員にも見放され、孤立した自分は、会社を辞めざるを得なくなりました」

現在彼は、別の運送会社で働いている。

こうして荷主や所属会社の指示によって事故を起こし、会社を辞めてもなお、彼は「お客様あっての仕事。お客様から仕事をいただき、生活させていただけている。その気持ちは今も昔も変わっていない」と話す。

一般的に、過積載の責任はドライバーにあるとされがちだが、彼らは過積載で損をすることはあっても、得をすることはほとんどない。

今回話を聞かせてくれた彼が、この半年の間に振り絞った「勇気」と「記憶」と「懺悔の思い」。未だドライバーに過積載をさせる荷主や運送会社には、どうか、こうした切実な声を無駄にしないでいただきたい。

手荷役というオマケ仕事

こうした荷主第一主義によってドライバーの労働環境が過酷になるものには、その他にもう一つ、大きな要因がある。

「荷役」だ。

荷役とは、荷物の積み降ろし作業のこと。これまでに何度か言及しているように、トラックドライバーの仕事には、「トラックの運転」だけではなく、「荷物を安全・無傷・定時に運び届ける」ことも含まれる。

だが、こうした広義なトラックドライバーの存在意義を、都合よく「荷物を積んで降ろすまでがドライバーの仕事」と考える荷主が業界には多く、結果、ドライバーは「トラックの運転」以外にも、契約にない荷役という実質的な「オマケ仕事」や「ついで仕事」を余儀なくさせられている現状がある。

そのうえ、その荷役作業の際、「パレット」と呼ばれる大きな板に積み上げた荷物のかたまりを、フォークリフトで一気に積み降ろしする高効率の方法ではなく、一つひとつの荷物を手でトラックへ積み降ろしさせるケースが多くあり、こうした荷主都合による作業は、パレットでは1時間もかからない積み込み作業が2時間以上になるなど、トラックドライバーの労働環境悪化の元にもなっている。

これらの手荷役作業は「バラ積み・バラ降ろし」とも言うのだが、今回、SNSで現役のトラックドライバーに「今までに実施したことのあるバラ積み・バラ降ろし」について聞いてみたところ、大変多くの声が集まった。

●パチンコ台1台30キロを40台くらいが限界でした

●米の30キロ紙袋の800袋バラ積みはキツい

●ケーキ系の軽い荷物を10トン車に積めるだけ、約4500個とかの方が腰にきます

●即席麺運んでます。夏が一番辛いです。炎天下での手積み手降ろしで熱中症になったことがあります

●スイカシーズンは腰と体がアザだらけになります。Sサイズ（2個入り）で5キロ位、4Lサイズ（2個入り）で20キロ位。総個数は900個

●トイレットペーパーは段ボールではないので、持つと滑るしサイズも微妙に違う。考えて積まないと到着したら悲惨な目に。1個は軽いけど300超すとキツい

●気温40度超えの日に30キロの紙袋を12トン、バラ積み。６トンで汗が止まって７トンで足がしびれ出して８トンで急に滝のような汗が出だして９トンで立てなくなって救急車呼んで貰いました

●業務用小麦粉（25キロ）や一斗缶（最大25キロ）。特に水飴やシロップ缶は地獄です。最高で水飴缶２００缶の全バラやりました。一斗缶全バラやりすぎて、中指の第二関節変形しました

●お米の時期になると30キロの紙袋を10トン（13トン）車で４００本。トレーラーだと８００本バラで積み降ろし。腰コルセット必須。積み終わった頃には運転もイヤになる

●２年前に便器の配送の時、首のヘルニアになり手術。その後腰のヘルニア悪化に伴い昨年２度の手術をしました。便器は確か45キロで50程手積み・手降ろし。現在、３回目のヘルニア再発。手術検討中

●タイヤを天井まで、サイズを考えながら積んでます。下から大きい順で積んで、上の方は一回り小さいサイズにして積んでます。そうしないと積んでるうちに倒れてしまうんで。トラックの夏タイヤだと50キロ、スタッドレスだと70キロ近くありますから、積む体勢が悪いと腰をやりますね

途方もない荷積み作業の後、疲れた体に鞭打って、今度は長時間座りっぱなしで運転。到着現場近くの車内で数時間の仮眠を取った後に、今度はそれらを再び降ろす。中には、検品や仕分け、ラベル貼りなど、更なる附帯作業を強いられるケースも多い。ドライバーの高年齢化が進む中、想像通り、これらの業務は必然的に激務と化す。

荷物はただ積み込めばいいわけではない。荷崩れが起きないように積むには、かなりの技術を要する。荷台にスペースが残った場合、同じ方向に積んでしまえば軽いブレーキ一つで荷崩れを起こすため、「ジェンガ」のように積み方を複雑化させ、さらにカーブでの遠心力や突風に負けぬよう、重いものを下にして低重心を意識しながら慎重に積み上げていく。もちろん時間の都合上、ちんたら作業している暇はない。

こうした力仕事を日々繰り返すゆえ、トラックドライバーの多くは、彼らの声にもあるように、腰に何らかの問題を抱えている人が多い。重い荷物をひたすら積み降ろすのももちろん大変だが、荷物の重さにバラつきがあるのも、かなりの負担になるのだ。

手積み・手降ろしによるトラックドライバーへの負担は、体力的なものだけではない。バラ積み・バラ降ろしをすると、作業時間が長くなる分、順番を待つ他のトラックの待機時間も長くなるため、ドライバー全体の拘束時間の長時間化にも繋がってくる。「お客様」の敷地内。エンジンを切っての待機は、夏は「サウナ」で冬は「冷蔵庫」。場所によっては積み込みまでに半日待たされることもザラだ。

その後に待つのは、荷物数千個の積み降ろし。

そんな手荷役をさせる荷主ほど、作業を手伝おうとしないから不思議だ。

「おせち問題」から見る「お客様第一主義」

運送会社やトラックにとって「客」になるのは、企業の荷主だけに限らない。無論、ラストワンマイル（最終拠点からエンドユーザーまでの配達における最後の区間）の先にいる、我々「消費者」もまた、彼らにとっては「客」になる。

トラックが日本の貨物輸送の9割以上を担っていること、また、トラックには積む荷物の性質に応じた様々な種類やカタチがあることは、これまでに説明した通りだ。

ここでは、その中でもクレームになりやすい「冷蔵冷凍車」の仕組みを説明しながら、昨今の過剰な「お客様第一主義」について考えてみたい。

スーパーやコンビニ、我々の家庭に届く「要冷蔵」「要冷凍」の荷物を運んでいるのが、「冷蔵冷凍車」と呼ばれるトラックだ。

各家庭を集配する「クール便」、スーパーに納品される冷凍食品や生鮮食品を運ぶトラックはまさにその類で、さらに生花や医薬品、美術品、塗料、精密機器、化学薬品などを運搬する際にも同車が不可欠となり、これらに対応すべく、温度もマイナス30度からプラス20度までと幅広い。中には、冷凍マグロなどを輸送するマイナス60度仕様の超低温冷凍車もある。

また、あまり知られていないが、冷蔵冷凍車は「仕切り板」を立てることで、「冷凍と冷蔵」、「冷蔵と常温」のように、1台のトラックで複数の温度帯の荷物を運搬することができる。積み方やクルマによっては、3つの温度帯の同時配送も可能だ。庫内の設定温度も、大抵の場合、運転席のコントロールパネルからドライバー自らが確認・調節できるようになっている。

このように、冷蔵冷凍車は荷物と一緒に「温度」をも運ぶクルマであるゆえ、外気や庫内環境による温度変化が起きないよう、様々な対策が講じられている。冷蔵冷凍車に「白色」が多いのも、太陽光の吸収を抑えようとする工夫の表れだ。

そんな冷蔵冷凍車の荷室を冷やす「冷凍機」には、主に「サブエンジン式」と「直結式」という二つのタイプがあることは第2章でも紹介した。

こうした冷蔵冷凍車を運転するドライバーには、他のトラックとはまた違った「独特の苦労」がある。

筆者が行ったアンケートでも、「冷凍倉庫内に入ると髪の毛やまつ毛がカチコチに凍る」、「メガネが曇る」、「床に滑り止めの無いトラックの場合は足元が滑る」など、様々な声が挙がったのだが、中でも多かったのが、「音」によるストレス。サブエンジン式の冷蔵冷凍車は、とにかくうるさいのだ。

第2章でも紹介した通り、サブエンジン式の冷蔵冷凍車には、クルマのエンジンとは別に冷凍機のエンジンが付いているのだが、そこからは大変大きな音がする。そのため、長距離運転の途中、仮眠を取ろうとしてもうるさくて眠れないばかりか、周りで同じく仮眠を取っているドライバーに迷惑をかけないよう、別の停車場所を確保せねばならないという気苦労も生じるのだ。

しかし、彼らが最も苦労するのは、やはり「温度」だという。

屋外での荷物の出し入れ時、庫内の冷気が逃げるため、当然「扉の開けっ放し」は厳禁。「開けたらすぐ閉める」が鉄則となる。段ボールに温度差で生じる水滴が付いていているだけで「中身が解けているじゃないか」、「温かくなっている」と指摘され、返品や買取りを要求されることも少なくない。

しかし、要冷凍・要冷蔵の荷物には、保冷剤が付いていたり、荷物自体が「食品のブロック（塊）」だったりして、一般的な雑貨よりも繊細なのに重たいものが多く、扉のこまめな「開け閉め」は、ドライバーにとっては想像以上に「大きな仕事」になる。

とりわけ夏場は過酷で、絶対に溶かしてはいけない「アイス類」の需要が増え、より迅速な搬出入が求められるうえ、冷凍倉庫を出入りすると、外気温との差が60度にもなり、自律神経を壊したり、腰を痛めやすくなったりするのだ。

そんな物流の「温度」による荷物事故で記憶に新しいのが、「おせち」に関する騒動だ。

2018年末、某物流大手企業が、福岡県の食品製造業者がインターネットなどで販売した「要冷凍」のおせち1268個を北海道へ運ぶ際、中継地点の埼玉県から誤って「冷蔵」で運搬したことで、道内の顧客に届けられなくなった。

この問題に対して、現役の冷蔵冷凍車ドライバーに見解を聞いたところ、以下のような回答や意見を得た。

●伝達ミスや勘違いなどのヒューマンエラー。配車側とドライバー側の両方の確認が取れていれば防げたミス。おせちは年1回であるうえ、「チルドもの（0度〜5度以下での保存・管理が必要な食品）」や「冷凍もの」など色々なケースがあり、その辺の伝達にミスがあったのかもしれない。

●冬の時期だからと、ドライ車（常温のトラック）で強引に運搬したのかもしれない（極寒地では短時間ならたまにある）。

●荷降ろし時、温度管理の厳しい倉庫では、クルマの庫内温度を測られたり、直接荷物の温度を測られたりすることがある。今回の件は、中継地点でのこうした検査で分かったことなのだろう。

●大手運送業者は、法律遵守のため自社便を減らしドライバーに休暇を取らせる。その間「傭車《ようしゃ》（下請けや個人事業主の業者の車）」で賄うのだが、その傭車がトラブルを起こすことも考えられる。人手不足による、トラック確保の難しさが出てしまったのでは？

荷室の温度が、運転席からも確認・調節可能であることに鑑みると、やはり今回の

「おせち騒動」は、彼らの多くが推察するように、中継地点での温度の伝達ミスである可能性が高い。聞けば、こうした温度設定によるトラブルは「よく起きる」、「起きてしまう環境にある」という。

業界全体が深刻な人手不足であるとはいえ、こうして指定された温度で配達されないということは、決して許されることではなく、今後、業界総出で改善を図る必要があることは間違いない。

が、今回の騒動においては、届けられなかった商品が、本来数日間、日持ちする正月料理の「おせち」であり、かつ、凍ったまま食べるものでもないことを考えると、本当に業者は１２６８個の料理を一斉かつ一方的に配達中止にする必要があったのだろうか、という思いが個人的にはどうしても拭えない。ちなみに、福岡県から埼玉県までの輸送時は、指定通り「冷凍」だったという。

昨今、どんな業界においても、トラブルの内容やその度合を精査せずに、供給側のミスや、わずかな時間超過をすぐに「サービスの完全停止」に直結させてしまう傾向にあるが、それは果たして「真のサービス」と言えるのだろうか。

時々、日本の「もったいない精神」が分からなくなる。

トラックドライバーの職業病

これまでにも紹介した通り、トラックドライバーの仕事は拘束時間が長いうえ、運転以外にも実質的に「手積み・手降ろし」などの力仕事が業務として含まれることがある。そうなると、どうしても避けられないのが「肉体疲労」や「体調不良」だ。

ＳＮＳ上や高速道路のＳＡ・ＰＡで出会った現役のトラックドライバーに、自身が抱える「職業病」について聞いてみたところ、さまざまな病名・症状が返ってきたので、一部を紹介しよう。

今回、「もはや抱えていない人はいないのでは」、と思うほど多かったのが、腰痛だ。「座りっぱなしでの長時間運転」からの「荷物の積み降ろし作業」。凝り固まった体をいきなり動かせば、普段どれほど体を鍛えている人でも腰を悪くする。

現役時代、筆者が積んでいたのは金型だったゆえ、手荷役はほとんどなかったが、それでも突然の相反する動作に体が追い付かず、やはりこの腰痛には悩まされた。

ちなみに、女性である筆者は、教習所で感じた「トラックの大きさ」と「自分のカラダのつくり」との違いに対し、トラックを降りるその日まで「ベストポジション」を見出せず。15分も走れば、すでにストレッチが必要な状態だった。

腰痛と同じく多かったのが、睡眠障害だ。

トラックドライバーの「睡眠環境」が良くないことは、これまでの話で誰もが想像できるところだろう。周囲のトラックのエンジン音、自身のエンジンで振動する車内、小さなベッド。そんな場所での仮眠が快適であるはずがない。

それゆえ、トラックドライバーの中には、慢性的な不眠症に悩まされている人が非常に多い。休息時間にしっかりとした睡眠が取れなければ、無論それは「居眠り運転」へと繋がっていく。「快適に休みたい」よりも「事故を起こしたくない」という理由から、「各地にもっと休憩所があれば」と嘆くトラックドライバーの声は、残念ながら遠い昔から今に至るまで絶ち消えたことはない。

そんな「眠気対策」として、筆者のように「満腹にしない派」がいる一方、運転しながらスナック菓子や軽食などを食べることで「こめかみ」を動かし、居眠り運転を防ぐ「食べる派」もいる。

「この仕事の唯一の特権は、各地のご当地グルメを食べられること」とするドライバーが多いことに鑑みると、「食べること」がいわば、仕事のストレスのはけ口になりやすい環境にあるとも言える。

そんな「食べる派」のドライバーに付きまとう症状が、肥満。手荷役などの肉体労働も多いトラックドライバーだが、それでも職業病に「肥満」を挙げる人が少なくないのは、やはり走行中でも「口」が唯一自由に動かせるパーツだからだろう。

そして、意外だったのが便秘のドライバーが多かったことだ。一般的には女性に多い症状である便秘だが、今回のアンケートでは、男性トラックドライバーも同症状に悩まされていることが分かった。

トラックは「走る」よりも「停まる」ほうが難しいというのは、これまでにも紹介してきた通りだ。

混雑するＳＡ・ＰＡでは、駐車スペースを確保できず、諦めて本線に戻ることもしばしば。一般道の場合、たとえトイレのあるコンビニを見つけても、その大きな図体を停められる駐車場がなければ、やはり素通りするしかない。

こうして毎回トイレを我慢すれば、便秘になるのはもはや必然的だと言えるだろう。

「トイレの回数を減らそうと、飲む水を制限したことで便秘になったのでは」、と推測するドライバーもいた。

次は、歯のトラブル。トラックドライバーには、歯が悪い人が非常に多い。

第1章でも紹介したが、現役当時、同じ時間、同じSA・PAに行くと、筆者の到着を待ってくれているおっちゃんトラックドライバーが数名いたのだが、その中に、前歯が全部ない先輩ドライバーがいた。本当にすごく優しい人だったのだが、彼が何言ってんのかは、正直最後まで分からなかった。

歯のトラブルは、不規則な生活ゆえに歯を磨くタイミングがなかったり、歯を食いしばって重いモノを持ち上げたりすることが多いトラックドライバーにとっては、口の中の「隠れた職業病」だ。エンジンの振動で小刻みに揺れる環境に長時間いることも、歯が弱くなる理由の一つだろうとする声もある。

それでも早めに治療できればいいのだが、長距離ドライバーなどは労働時間の都合上、定期的に歯医者に通いにくく、その結果、重症化するケースも少なくない。

前出の先輩ドライバーに前歯がないことは、決して笑い話なだけではないのだ。

これら以外にも、「手指の変形」、「高血圧」、「眼精疲労」、「ぢ」、「肩こり」など、彼らが訴える症状は、枚挙にいとまがない。睡眠や水分補給、適度な運動など、「健康な体づくりに欠かせない」とされる一般要件のほとんどを満たせず、逆に不摂生をしやすい労働環境にいる彼らの「職業病」は、多岐にわたりやすいのだ。

「ドライバーの不摂生」でいうと、時間的プレッシャーや道路上の様々なストレスを抱えて仕事をする彼らの一部には、「必須アイテム」となっているものがある。

「タバコ」だ。

不摂生の代表格である「喫煙」。トラックドライバーには、先の「肥満」になる理由と同じように、「唯一口が自由になる」環境にあることからか、世間と比べて喫煙率がかなり高い。

今回、現役ドライバーに、喫煙に対するアンケートも併せて取ってみたのだが、世間一般の喫煙率が17・9％（2018年JT調べ）であるのに対し、トラックドライバーのそれは、48％にものぼった。

「寝不足」、「〝旨い〟食事」、「水分不足」に「喫煙」。不規則な労働環境と不摂生な生活習慣は、当然、大病の原因にもなる。

筆者の周囲にも一人、トラック走行中に心筋梗塞を起こして亡くなったドライバーがいた。40代だったと思う。

幸いクルマは暴走することなく、二次的な被害はなかったが、このように走行中に発病する人の中には、苦しさのあまり力が入ったり、意識を失ったりして、アクセルペダルをベタ踏みしてしまう人もいる。トラックが街中で暴走すればどうなるかは、想像に難くない。

そんな中、ドライバーの健康を考えてか、はたまた昨今の時流を意識してか、運送業界にも少なからず「禁煙ブーム」が到来しているという。

元々、ガソリンなどの危険物を運ぶトラックの場合、車内での喫煙は厳禁となっており、灰皿さえボンドなどで開かなくしている業者もあるのだが、近年、一部の一般トラックを扱う業者でも、禁煙車と喫煙車を設置し「分煙化」を実施するようになったという。さらに厳しいところでは、全車を禁煙にし、車内カメラでチェックしたり、規則に従わなかったドライバーには、降車処分やボーナスカットなどの対象としたりする企業もあるとのことだった。

トラックドライバーは近年、深刻な人手不足に陥っているうえ、高齢化も加速の一途をたどっている。彼らが少しでも健康的に長く働いていくには、自身での健康管理はもちろん、所属企業による社員のケアや、荷主の協力、国の援助なども少なからず必要になってくるだろう。

働き方改革にメリットはあるのか

2019年4月から順次施行されている「働き方改革」。その機運が高まったのは2013年、日本政府が国連の社会権規約委員会から長時間労働や過労死における防止対策の強化を求める勧告を出された頃だ。そこに、有名企業社員の自殺や過労死などが相次いだことで、政府も本格的に動きだした。

その結果、今や「24時間戦えますか」と問いかけるひと昔前の人気CMは、「なんだそのブラック思考は」と全くもって理解されなくなり、逆に「早く帰れ」と促す「時短ハラスメント」が労働者を苦しめているという皮肉も起きている。

そんな世間の「働き方改革」と一線を画しているのが、他でもない「運送業界」だ。

2019年の厚生労働省の発表によると、前年に実施した監督指導で、トラック運転者を使用する事業所5109か所のうち、実に83・6%にあたる4271か所で労働基準関係法令違反が見つかったという。その中で最も多かった違反は、「違法残業などの長時間労働」で3013か所。次いで、「割増賃金の未払い（未払い残業代）」が1071か所だった。

運送業界において、この「長時間労働」と「未払い残業代の発生」は表裏一体の問題。ゆえに、この長時間労働をなんとかすれば、未払い残業代の発生も抑えられるはずなのだが、逆を言えば、長時間労働を何とかしない限り、この未払い残業代の問題は絶対に消失することはない。

これほどまでに多くの運送企業が労働基準法を守れぬ状況に陥った大きなきっかけの一つに、1990年の物流2法の施行で始まった「規制緩和」がある。簡単に言うところは、業界に競合他社や多重下請け構造を必要以上にもたらし、荷主への過剰サービス・価格競争、そして先に述べたような、行きすぎた荷主第一主義などを生じさせた、「物流業界の大事件」だった。

そのため長時間労働は、各運送企業だけではもはやどうすることもできない課題であるのだが、荷主とのパワーバランスがあまりにも偏りすぎ、かつ「古い付き合い」で会社同士が繋がっている現体制では、運送業者が荷主に「協力してくれ」とは強く言えず、いつまでたってもドライバーの労働時間は短くなっていかないという状況にある。

そんな業界の特殊性から、2019年4月に施行された「働き方改革」においても、トラックドライバーなどの自動車運転業務者においては、「改善に時間がかかる」と判断され、時間外労働の上限規制導入に、5年（2024年まで）の猶予が付き、その上限時間も、一般則の720時間よりも240時間も長い960時間に定められた。

自動車運転者特有のルールである「改善基準」については、第2章でも記述した。「4時間走ったら30分休憩」「拘束時間は原則1日13時間以内。最大16時間以内で、15時間を超えていいのは週に2回まで。1か月の拘束時間は293時間以内」などと定めているものだが、先の厚労省発表の調査結果では、5109か所のうち66・9％に当たる3419か所で改善基準告示違反があった。中でも度々起きるのが、「休息時間」や「拘束時間」のうやむやな扱い。現状どうしても発生してしまう「荷待ち」という拘束時間を「休息時間」とカウントする一部の悪質業者がいるのだ。

また、ドライバーの多くの残業代は、「みなし残業代」として支払われているため、一定時間を超えた分の残業代が、こうした休息時間と曖昧にされて支払われないことが多発しているという現状もある。

こうした件に関して、SNS上などでトラックドライバーに話を聞いてみたのだが、意外にも、各々所属する運送業者の「ごまかし」は、本人たちも気付いているという。が、会社に「計算方法が違うんじゃないか」とは立場上なかなか言い出せないとする人や、言いに行ってもはぐらかされたとする人がほとんどで、多くのドライバーが、こちらから頼まずとも「こんなことがまかり通っていいのか」と、給与明細の写真を送ってきてくれた。

ここでもう少し、彼らの給与について掘り下げてみよう。厚労省の「賃金構造基本統計調査」によると、トラックドライバーの年間所得額は、全産業平均491万円と比較して、大型トラックドライバーは454万円と1割低く、中小型トラックドライバーは415万円と2割低い。無論、条件によるため一概には言えないものの、基本的には、車体が大きく、長く、運転が難しく、そして1運行の走行距離が長くなるほど高くなる傾向にある。

「そこそこもらっているじゃないか」と思われるかもしれないが、彼らの長い拘束時間と過酷な労働環境を考えると全く割に合っていない。先述通り、規制緩和により急増した競合他社とのサービス・価格競争で、現在のドライバーには、荷物の積み降ろし作業、検品作業のような「オマケ仕事」が多くなり、荷待ちや時間調整などによって拘束時間も長くなった。走れば走るだけ稼げた規制緩和前は、年収が1千万円を超えるドライバーがゴロゴロおり、「トラックドライバー＝ブルーカラーの高収入職」とさえ位置付けられていた。それが現在においては「給与は下がったのに、労働環境は過酷化する」という現象が起きているのだ。

こうして給与水準は下がった一方、交通ルールや労働環境を重視する法律は増加。道路交通法の改正による駐停車禁止の厳罰化や、大型トラックの高速道路80キロ制限に、時速90キロまでしか出せないスピードリミッターの装着義務、そして運転業のみに適用される先の「改善基準」などがそれにあたる。どれも道路環境やトラックドライバーのためを思って作られたルールではあるのだろうが、ドライバーらにとってはむしろ走りにくくなり、より一層労働環境は悪化し、そして稼げなくなった。

さらに、彼らの給与を不安定にさせる要因に、昨今の「連休ブーム」がある。

ハッピーマンデー制度（祝日を月曜日にずらす制度）による3連休、昨今「過去最長」と話題になった10連休のゴールデンウィーク、「山の日」なる謎の新祝日を設置してまで長期休暇化させる盆休みに、秋には「シルバーウィーク」なるものまで定着。

このように、昨今の日本人の「休日」や「連休」に対する情熱を並べるとキリがないのだが、アメリカをはじめとする諸外国には、有給を取ってバカンスに行く人はいても、祝祭日で国全体が4日以上連休になるところはほとんどない。

こうした休日や連休に対して、地場でコンビニ配送などに従事するルート配送車は、普段以上の需要に対応すべく、休み返上で走ることになる。が、その一方、倉庫や物流センターなどへの配送を担う中・長距離ドライバーの多くは、その間、必然的に休まざるを得なくなる現実がある。連休中は、元請けの荷主たちが休みになるからだ。

「休まざるを得なくなる」としたのは、トラックドライバーの給与体系に理由がある。

長距離ドライバーの給与体系は、

①「月固定給＋歩合給＋残業代＋諸手当」

②「日給＋歩合給＋残業代＋諸手当」

のいずれかであることがほとんどで、2つのうちでも②の「日給月給制」（1日を計算単位として給料を定め、毎月1回まとめて支払う給与体系）で働く人が多い。

歩合は、「走れば走るだけ稼げる」と言えば聞こえはいいが、それは逆に言えば、「走らなければ稼げない」と同義。しかし、先述通り、連休は元請けの荷主が休業するため、彼らも必然と「休日」となり、走りたくても走れない状態となる。つまり、祝日や連休を増やそうとする昨今の「働き方改革」は、皮肉にも彼ら日給月給制で走るトラックドライバーの収入を不安定にさせる大きな要因になっているのだ。

ゆえに、彼らにとって「連休」は、体を休ませながらも気持ちの面では心から休みを満喫できない日々。無論、会社規模や契約内容によるが、中には「大型連休なんていらない」「連休中はアルバイトしていた」と嘆くドライバーも少なくないのだ。

ちなみに、長距離ドライバーの他にも、ダンプカーやミキサー車、建設機械運搬車も②の給与体系をとるところが多い。彼らは「現場」への搬入出がメインで、会社によっては、現場が天候不良で作業中止になると、その日の収入がゼロということもある。

1運行の拘束時間は長いのに、休みが多いトラックドライバー。彼らが本当の「働き方改革」を目指すためには、もっと抜本的なところから見直さねばと思えてならない。

第4章　高い運転席だから見えるあれこれ

深夜のSAで休憩するトラック

高級車に乗った凡人がする「あおり運転」

第4章では、長年車高の高いトラックの車窓から筆者が目にしてきた道路にまつわる問題や、その対策などを紹介・解説していこう。

2017年6月、神奈川県の東名高速道路で悪質な煽《あお》り運転を受けた末、夫婦が死亡、娘2人が負傷した事故は、ハンドルを握るほぼ全てのドライバーにとって、自身や周囲の運転マナーを見直す大きなきっかけになったはずだ。

事の発端は、事故現場から数キロ手前の中井パーキングエリアで、被害者の男性が被告に駐車位置を注意したこと。

それに逆上した被告はその後、一家4人が乗ったワゴン車を執拗に追いかけ、煽りなどの妨害運転を繰り返したうえ、停車が原則禁止されている高速道路の追越車線にクルマを停めさせ、一家を死傷させる結果に追いやった。

追越車線にクルマを停めさせることは、殺人行為と断言できる。同車線を走るクルマの平均時速は約100キロ。このスピードでクルマが障害物に衝突すると、高さ39メートル（ビルの14階相当）から落下した際と同じ衝撃が生じるのだ。

しかも、この事故でワゴン車に追突したのは、「殺傷力」の高い大型トラックだ。本来、大型車は追越車線の走行を禁じられており、このトラックドライバーは道路交通法違反となる。

しかし、夜の追越車線上に、まさかクルマを停車させた生身の人間が車外に立っているとは、誰も想像しない。また、今回の場合、追突したのがトラックではなく乗用車だったとしても、危険を察知してブレーキを踏み、クルマが完全停止するまでの「停止距離」は相当必要となり、彼らを避け切るのは非常に難しく、夫婦はいずれにしても助からなかった可能性が極めて高い。

さらに言うと、皮肉なことだが今回のケースは、衝突したのがトラックでまだマシだったとさえ考えられる。車高が高く、車体も強いトラックだったからこそ、トラックドライバーの命は助かったが、これがもし乗用車だった場合、追突したほうのドライバーも死亡していた可能性があるからだ。

こうしたことから、追越車線を走行していたという落ち度はあれど、今回追突してしまったトラックドライバーは巻き添えを食った感が否めず、検察の下した不起訴処分も、道路環境からして妥当だったと言えるだろう。被告の裁判で、「両親を奪い申し訳ない」と遺族に反省の意を表したトラックドライバーの心情を考えると、本当に複雑な気持ちになる。

こうした危険運転は、この東名事故のように第三者をも巻き込みかねない「悪しき行為」だ。しかし、煽り運転そのものは、ハンドルを日々握るドライバーにとって、それほど珍しいものではない。この事故のような悪質なケースは稀としても、普段、日常的に運転しているドライバーならば、誰しもが煽られた、または煽ってしまった経験があるはずだ。

現役当時、アイポイントが高いトラックの車窓から周囲の運転事情を観察していた筆者は、実に様々な光景を目の当たりにした。その中でも多く遭遇したのは、やはり煽り運転などの危険運転だ。煽り運転には、する側にもされる側にも、それぞれ特徴と原因がある。

まず、煽られる側の2つのタイプと原因を紹介しよう。

一つは、「運転弱者」だ。

初心者や女性、高齢者の中には、運転が得意ではない「運転弱者」が比較的多く存在する。彼らの場合、無意識のうちに無駄なブレーキを頻繁に踏んだり、車間が上手く取れず詰めすぎたり、スピードが安定しなかったりすることで、周囲のドライバーをイライラさせてしまうことがあるが、そんな彼らの運転が、「煽る側」の引き金になることがある。

中には、運転弱者ばかりを狙う悪質な煽りドライバーもおり、初心者や高齢者が理解を得るために貼っているマーク（ステッカー）がむしろ、彼らに向けた「目印」になっているのも事実だ。

そして、煽られやすいもう一つのタイプは、「大型トラックと軽自動車」。

トラックがノロノロ運転せざるを得ない事情は、第2章で説明した通りだが、遅いトラックは、高速道路でも一般道でも、とにかく乗用車などからよく煽られる。

中には「トラックは左車線だけ走ってろ」という声もあるが、これまで述べてきた通り現在の日本の道路事情と、時間との戦いを強いられる物流の現状からすると、そんなわけにもいかないのだ。

一方、こうしたトラックに匹敵するほど煽られている光景を目にするのが、「軽自動車」。

軽自動車が煽られるのは、ドライバーに前出の「運転弱者」が比較的多いというのが一因になっていると思われるが、このクルマは構造上、どうしても他車より衝撃に弱いため、事故を起こすと被害が大きくなりやすい。ゆえに、軽自動車のドライバーは、後述する「煽られないための対策」や「煽られた時の対処法」をより強く検討したほうがいいかもしれない。

反対に、煽る側の特徴と原因には、次の4つのようなものがある。

一つ目は、「時間的余裕のないドライバー」だ。

一番シンプルな煽り運転発生の原因になるのが、「急いでいる」というもの。約束の時間ギリギリという時、人は法定速度で走る前のクルマにさえもイライラすることがある。が、原因が単純だと解決方法も単純で、この場合、時間に余裕を持って自分が早めに出発すればいい。これで全てが解決する。

次に「高級車に乗った凡人」。

筆者の個人的見解だが、煽り運転は、「凡人」が「高級車」に乗ると起きやすいように感じる。

〝中身（＝ドライバー）〟と〝外見（＝クルマ）〟に差のない「ホンモノの高級車乗り」は、金・時間・心に余裕がある。そのため、運転も自然と余裕を持ったものになるのだが、背伸びして高級車で乗り飾った「凡人」は、その「勘違いなグレードアップ」に気を大きくし、前のクルマを煽ることで、必然的に周囲から注目を浴びるシチュエーションを作り上げて、目立とうとするのだ。2019年8月に常磐道で発生した煽り運転殴打事件の犯人は、まさしくこれに該当する。

こう考えると、高級車の煽り運転ほどカッコ悪いものはない。筆者は勝手に「煽り運転をする高級車の〝中身〟は、実に大したことない」と思っている。

三つ目は、「行き過ぎた正義を振りかざすドライバー」だ。

本来、安全確保のために存在する「交通ルール」だが、昨今、この存在に固執しすぎる一部のドライバーの「行き過ぎた正義感」によって、煽り運転が生じているように思えてならない。

正義感が強すぎるドライバーは、自分が優先である状況の中、相手の無理な割り込みや、「お礼の合図がない」など、ちょっとしたルール・マナー違反でも見過ごすことができず、追いかけて「罰」や「制裁」を与えたくなるのだ。

そんな彼らによる煽り運転は、日本がルールやマナーに非常に厳格な国だからこそ起こり得ることだと考えられる。実際、日本よりもルールやマナーに幅を持たせるアメリカや韓国では、ものすごいスピードで走ったり、車内で汚い言葉を連呼したりするドライバーは数知れないものの、煽り運転においては、日本ほど多くない。

そう考えると、「行き過ぎた正義」や「自分にあるはずの優位性の侵害」から起きる煽り運転は、かつて日本で問題になった、店員に土下座を強要するクレーム客の心理に似ているのかもしれない。

そして最後の四つ目は、「悪質ドライバー」である。

煽る側には、先述通り「運転弱者」を物色したり、「煽り」そのものを楽しむ悪質なドライバーがいる。前出の東名高速死亡事故の被告は、この部類に属する。

他ドライバーのミスやマナー違反などに難癖をつけて煽るのだが、彼らの本当の動機は、日頃に溜めたうっぷんを晴らしたり、〝快感〟を得るためだったりするので、とにかくしつこい。こうした悪質ドライバーには、東名死亡事故をきっかけに法律の厳罰化も検討されており、今後、積極的かつ厳しく取り締まってもらいたいところだ。

このような煽り運転に巻き込まれない方法としては、ルールやマナーを守らない周囲のクルマに寛容になりつつ、自分はそれらをしっかり守ることが、一つの打開策になる。

また、ドライブレコーダーの取り付けは、トラブルになった際の証拠になるだけでなく、搭載している旨を知らせるステッカーをクルマの後部に貼っておくことで、不要なトラブルを未然に防ぐこともできるため効果的だといえる。

それでも悪質なドライバーに煽られたら、車外に出たり煽り返したりせず、とにかく道を譲り、やり過ごすことが重要だ。執拗に追いかけられる場合は、その足で警察署や交番に向かえば、大抵のドライバーは去っていく。

連日続いた報道や、ドライブレコーダーの普及によって、ひと昔前よりは減少したと感じられる危険運転だが、感情を持つ人間がハンドルを握る以上、その行為を道路から完全になくすことは難しいだろう。

特に大型連休などには、久しぶりに長距離や渋滞の中を運転するペーパードライバーが増えることで、イライラする、またはさせるドライバーも増えるだろうが、皆が帰るべき場所に帰れるよう、各人思いやりを持って安全運転に心掛けてほしい。

危険運転を誘発するクルマの特性

危険運転を誘発する要因は、運転する人間だけではなく、クルマそのものが持つ特性にも存在する。というより、生身の人間が人ごみを歩く際には「煽り歩き」などがほぼ起きないことを考えると、危険運転の根本の原因は、むしろ「外身」である「クルマ」にあるといっていいだろう。

中でも大きい原因となる特性が、「ドライバー同士を遠ざける遮断性」だ。

クルマに乗ると、生身の人間同士では容易な目配せや声掛け、動作など、感情を細かく表現できるコミュニケーションが極端に取りにくくなる。

運転ミスを謝りたい時や、前のクルマに何か知らせたい時がいい例だ。

生身の人間同士の場合、例えば、ぶつかりそうになった際に、申し訳なさいっぱいのトーンで「ごめんなさい」と謝ったり、列の前に並んでいる人に小声でそっと「前、進みましたよ」と優しく教えたりするなど、意思とともに感情も同時に伝えることができるが、「クルマ対クルマ」という走る鉄の塊同士の場合だと、その距離感や遮断性によって意思の伝達手段が非常に少なくなり、感情も上手く伝わらなくなる。

こうして「今のは自分が悪い」と思っても、とっさに謝る術がなく仕方なくスルーしたり、「青信号ですよ」と教えたいがために前方車両にクラクションを鳴らしたりすることで相手を怒らせ、結果的に危険運転へと繋がっていくケースも少なくない。「中身」がどんなに謝ろうが、どんなに怒ろうが、「外身」の表情は変わらない。こうした意思疎通が失敗した瞬間に遭遇する度、筆者は「各クルマに拡声器が付いていたら」とバカバカしくも思うのだ。

また、「平等心理をもたらす単純な操作性」も大きな原因となる特性の一つと言える。クルマはアクセルを踏めば進み、ブレーキを踏めば止まる。免許さえ取得した人ならば、クルマはそれらを踏む人間を選ばない。

それゆえ、道路を走るクルマの中身は、老若男女、運転の上手下手と実に多種多様で、中には日常生活において自足での長距離移動に苦労する「後期高齢者」や「身体障がい者」といった「生活弱者」も存在する。

彼らは、一般ドライバーと比べると身体能力が低いことが多いため、クルマに乗っても「運転弱者」になりやすい。

一方、一般ドライバーの中には、普段はこうした弱者を目の前にすると優しくできるのに、いざクルマに乗り込むと、彼らの存在を邪魔者扱いしてしまう人がいる。

クルマという頑丈なメカに身を包み、タイヤ並べて他車と同じ道路を走っていると、「クルマはハンドルを握ればみな平等」という捻じ曲がった心理が生じ、無意識のうちに自分と同等の運転スキルや運転環境を周囲に求めてしまうのだ。ノロノロ運転しているクルマにイライラし、幅寄せしながら追い抜いた際、そのクルマの中身が高齢者だと気付いても、罪悪感を抱くどころか、「やっぱり年寄りか」と吐き捨てて行くドライバーの心理は、まさにこのクルマの特性によるものである。

さらにクルマには、「ドライバーの気を大きくさせる匿名性」といった特性もある。同じ方向を向いて走るクルマ。危険運転をされた場合、そのクルマから得られる情報は、車種や色、ナンバープレートなど、「外身」のざっくりとしたものに限られる。中身に対する情報は、せいぜい性別や上半身の特徴くらいで、人相や体格など、より細かな情報はなかなか得にくい。

ドライブレコーダーの普及により、昨今は写り込んだ写真を証拠にして警察に届け出ることもできるようになったが、警察がそのクルマの捜索に動くのは、よほどの案件に限られてくる。

そのため、こうした「クルマに乗ることで生じる匿名性」が、ドライバーの気を大きくさせる要因の一つとなっており、危険運転へと繋がっているのも事実だ。

そんな中、例外的にその匿名性がほとんどないクルマがある。トラックだ。トラックの車体には、大きく社名や電話番号、時には「匿名性」どころか、ドライバー最大の個人情報である「名前」がフルネームで書かれていることがある。

これらの情報によりトラックドライバーは、少しでも行儀の悪い運転をすれば、すぐに会社にクレームを入れられてしまう状況に置かれている。実際、筆者の経営していた工場にも「オマエのところのドライバーに当てられそうになった」という怒りの電話がくることが時々あった（運転していたのが筆者本人ということもあった）。

こうしたことからも「匿名性」は、危険運転を引き起こす要因になり、逆に、身元を明かすことは、一応はドライバーの危険運転に対する抑止力になっているといえる。

余談にはなるが、「一応は」としたのにはワケがある。

ある中規模運送企業の経営者によると、大手の運送業者の場合、ドライバーに危険運転をさせないよう、十分に社員教育がなされていることはもちろん、会社が社員をしっかり統制できているため、たとえこうしたクレームが来ても、上司が正当に注意することができるが、その一方、小さな運送業者の場合、業界の中でも特に深刻なドライバー不足を抱えている手前、クレームの電話が来ても辞められることを恐れて社員を厳しく注意できない、という現実があるという。

現在深刻化するトラックドライバー不足という問題は、こうした交通マナーや交通安全の向上を目指していくうえでも、悪影響を及ぼすことがあるのである。

運転を「下手」か「上手」かの2通りで判断してしまいがちなクルマ社会。「ハンドルを握れば皆平等」というのは、ルールやマナーにおいてのことであり、中身の運転スキルや身体的な強弱が平等になるわけではない。

ノロノロ運転をするドライバーに対して、「自分とは事情や状況が違うのかもしれない」と考えられる余裕や、彼らにイライラせずやり過ごせる許容の精神を持つことも、ハンドルを握るドライバー一人ひとりの義務だといえるだろう。

免許返納では解決しない高齢者ドライバー問題

2017年、改正道路交通法が施行され、高齢者ドライバーによる交通事故への対策が強化されたが、関連事故は減少するどころか、むしろ増加・深刻化の様相を見せている。

中でも日本中が注目し、色々な意味で大きな議論となったのは、東京・池袋の路上で発生した、いわゆる「池袋母子死亡事故」だろう。

２０１９年4月、池袋の路上を、高齢者ドライバーの乗用車が信号無視しながら１００キロ近いスピードで暴走。これにより、横断歩道を横断していた当時31歳の母親と３歳の娘が死亡し、10人が重軽傷を負った。当時、加害者であるドライバーは「アクセルが戻らなくなった」と供述したが、警察の調べによるとクルマに異常はなく、ブレーキを踏んだ形跡もないことから、のちに「アクセルとブレーキの踏み間違い」が原因であると断定された。

この事故が日本中の注目を集めたのは、同ドライバーの87歳（当時）という年齢だけではない。先にも触れたが、これほどまでに大きな被害を出したにも拘わらず、加害者が逮捕されなかったのは、彼が旧通産省工業技術院の院長だったからではないかと騒がれ、連日「上級国民」という言葉がネットに躍った。

大きな事故が起きる度、様々な議論がなされては、毎度これといった解決策が見出されぬまま立ち消えになる感が否めない高齢者ドライバー問題。だが、現実はもう「対策待ったなし」の状況にある。

日本の高齢者ドライバー問題は、高齢化が進む他国でも注目度が高く、アメリカの有力紙「ニューヨーク・タイムズ」でも紹介され、話題になった。

中でも日本の動向を注視しているのが、韓国だ。

韓国の経済発展は日本よりも20年ほど遅かったため、高齢者がクルマを運転する姿はまだ少ない。が、比較的早く高齢化が進んでいるタクシードライバーの交通事故が急増したことにより、日本の現状と韓国の今後を比較しながら、取り組むべき事項を詳しく論じるメディアも出てきている。

このように、高齢者ドライバー問題において世界基準になりつつある日本だが、現在、免許返納こそが同問題を解決する最善の策であるかのような風潮が強まっている。

実際、改正道交法の施行以降、免許返納者への公共交通機関の優遇定期券を発行したり、本人による返納が原則のところ、家族の代理返納を認めたりしている自治体はこの数年で急増した。

交通事故が有する「破滅力」を考えると、やはりどんなタイミングで免許を返納する・させるかは、家族間でしっかり話し合っておくべきであり、本人の運転スキルがどれほどのものなのかも、家族が常に把握しておく必要がある。

しかし、この問題の解決策を、「免許返納」だけに見出すのは、高齢化一直線の日本の現状にとって、あまりにもナンセンスだ。実状として、免許を返納した高齢者のその後の環境は、「快適」とは程遠い。

例えば、前出の「公共交通機関」においては、先に紹介した優遇定期券の発行以外にも、小中学校が管理するスクールバスを自家用有償旅客運送に転換するなどして、高齢者の「足の多様化」を目指しているものの、自身による車の運転との利便性と比べると、「待つ」「持つ」「歩く」の負担は比べ物にならないほど大きい。

また、クルマに頼らず、ネットスーパーなどのＥＣサイトの有効利用も推奨されるが、操作や手続きが複雑だったり、視聴覚対策が不足していたりといった理由から、高齢者を十分に取り込めていないのが現状だ。

総務省が２０１８年に公表した前年の調査結果によると、世帯主が65歳以上である２人以上の世帯（高齢者世帯）のＥＣサイト利用の割合は、わずか18・２％。10年前の７・０％から２・６倍に増えたものの、やはり割合自体は高くない。

高齢者ドライバーによる問題において、「免許返納」は即効性や確実性のある抜本的な対策になるのは間違いない。

が、着実に加速していく高齢化の中、運転者数だけを減らすことは何の〝解決〟にもならない。環境整備が不十分のまま「運転させない」が先行すれば、彼らの「足」代わりにならざるを得ない家族の生活にも大いに影響してくる。こうした二次的問題を増やさないためにも、誰もが今以上に安心して運転できるクルマの技術開発や法整備など、運転環境の底上げに対しても同時に深く議論・研究していく必要がある。

人口構成比の高い団塊の世代が本格的な高齢者ドライバーになる日は、もうすぐそこまで来ている。

大型車AT化のメリット・デメリット

そんな中、世間からは「不便な運転環境を課してふるいに掛けるべきだ」との考えから、高齢者に対する「マニュアル（MT）車限定」案が聞こえてくることがある。

現在、道路を走るクルマには、大きく分けてMT車と、オートマチック車（AT車）がある。AT車は周知の通り、アクセルを踏めば進みブレーキを踏めば止まる、操作が比較的容易なクルマだ。

一方のＭＴ車は、ＡＴ車ではほとんど使わない左足と左手を使い、発進や変速、停車時にクラッチ操作やシフトチェンジが必要となる。

事実、アクセルとブレーキの踏み間違いによる事故は、そのほとんどがＡＴ車で起きている。ＡＴ車は、「Ｄ」レンジに入れたままブレーキを足から離すとクルマが前進する「クリープ現象」が発生。「踏み間違い事故」の多くが、意図せず起きたこのクリープ現象に焦り、ブレーキではなくアクセルを踏んでしまうことで生じるのだ。

これらは、本来クルマが止まっていなければならない状況下で起きるため、とりわけ交差点前での踏み間違いは、「信号無視」、さらには「大事故」を意味することになる。

停車時以外にも踏み間違いが起こりやすいのが、「車庫入れ時」だ。

クルマを駐車場や車庫などに入れる時は、レンジを「Ｄ」から「Ｒ」へと入れ替えたり、足を完全に浮かせたりするのに加え、体をよじらせて周囲を確認しながらブレーキとアクセルを踏み変えるため、足の位置が不安定になりやすく、踏み間違い事故の発生率が高くなる。

実はこうした踏み間違い事故は、高齢者だけでなく20代以下のドライバーにも多い事故ではあるのだが、「運転に不慣れ」という若者の事故原因とは違い、加齢で関節が硬くなった高齢者にとっては、若者よりもフィジカル面で、踏み間違いの危険性が増す。その点MT車は、簡単に言えば、アクセルを踏むだけでは構造上発進できず、クラッチやアクセルペダルの踏む程度を間違えるとエンストか空吹かしを起こすため、踏み間違いによる急発進は起こり得ない。

そこで思い起こされるのが、池袋事故の翌々日に、兵庫県神戸市の三宮で発生したバスによるアクセルとブレーキの踏み間違い事故だ。

2019年4月21日、JR三ノ宮駅付近で、乗客を降ろした直後の市営バスが赤信号を無視して横断歩道に突っ込み、多数の歩行者をはねた。これにより、20代の男女2人が死亡したほか、複数の負傷者が出た。

筆者は当時、この三宮事故が「踏み間違い」によるものだとする報道に、大きな違和感を覚えた。

現在の乗用車のほとんどがAT車である一方、トラックやバスは今までMT車が大多数で、踏み間違い事故はほとんど発生してこなかったからだ。が、今回事故を起こしたバスがAT車だったと知った時、「なるほどそうか」と納得すると同時に、大型自動車を扱うバス・運送業界が直面している「人手不足」が、相当深刻な状況にあることを改めて思い知らされた。

ＡＴの大型自動車は、普通自動車のそれとは乗り心地が大きく違う。

例えば加速時は、アクセルの踏み込みから実際スピードが出るまでにかなりのタイムラグがあり、自分の思った通りにクルマをコントロールしにくいのだ。満載時に坂道を上る際などは、アクセルを全開にしても全くスピードが出ないこともある。

筆者がＡＴの大型トラックやバスに乗ったことがあるドライバーにアンケートを取ったところ、そのほとんどがＭＴ車のほうが好きだと回答。筆者も現役時代、ＡＴのトラックに乗ったことがあるが、やはりＭＴ車のほうが断然運転しやすかった。

しかし、こうしたドライバーからの不評をよそに、昨今、ＡＴ車や「セミオートマチック車（ＡＭＴ車）」の導入を検討する運送・バス企業が急増。それに伴いトラックメーカーも次々に同車の製造販売をするようになってきた。

その理由が、業界の抱える「人手不足」にある。

近年、バス・運送業界は、深刻なドライバー不足や現役ドライバーの高齢化に陥っており、人材確保のため様々な取り組みがなされている。その中でも積極的になされている対策の一つが、ＡＴ・ＡＭＴ車の導入なのだ。

警察庁が発表した平成30年運転免許統計によると、同年に普通第一種自動車免許の試験を受けた合格者のうち、約64％がＡＴ限定免許。つまり、業界で主流となっているＭＴのトラックやバスを運転できるドライバーは、最初の免許取得の時点で36％に絞られてしまう。

そのため、難しい運転技術が必要ないＡＴ車を積極的に導入し、ＡＴ限定免許しか持たない人の他、女性や高齢者にもドライバー採用の幅を広げ、人材獲得を狙っているというわけだ。巷で「高齢者ドライバーの免許返納」が叫ばれる中、なんとも皮肉な現象である。

中には、保有するＭＴ車をＡＴ車に総入れ替えした物流業者や、「ＡＴ限定の大型自動車免許の創設」を期待する声も出てきている。

一方、こうしたバスやトラックのＡＴ車化によって将来懸念されるのが、今回の三宮のような「大型車による踏み間違い事故」の増加だ。

今まではＭＴ車率が高く、トラックやバスでの踏み間違いは物理的に起こりづらい状況にあったのが、ＡＴ車が増えることで、今回のような事故が増える恐れがある。そこに「ドライバーの高齢化」が重なれば、なおさらだ。

乗用車よりも図体の大きい大型車が踏み間違いを起こせば無論、事故の規模や被害も大きくなる。

実際、三宮事故で出ていたスピードは、事故時の動画を見るに、30キロ前後程度。それでもあれだけの被害が出たのは、やはり大型自動車だったからという感が否めない。

初心者ドライバーの特徴

高齢者ドライバーと同じ運転弱者である「初心者」の特徴についても述べておこう。

筆者が「初心者ドライバー」と聞いて真っ先に頭に浮かぶのは、若葉マーク。そして、そのマークを付けたクルマが煽られているシーンだ。彼らはとにかく煽られやすい。その理由は、彼らの一般的な特徴のうち、以下が要因になっていると考えられる。

まずは、免許取りたてであるがゆえ仕方ないのだが、運転マナーが分かっていない。

日本の道路には、他国にはない独特の運転マナーが数多くある。車列に入れてくれたクルマにクラクションを鳴らし手を上げ、合流した後はハザードランプまで光らせ礼を表する光景は、世界中どこを探しても日本以外他にない。

免許を取ったばかりの初心者は、こうした「独特のルール」をまだはっきり把握できていないことがあり、また、たとえ分かっていたとしても、これら煩雑な作業を瞬時にこなすスキルがない。それを理解しない一般ドライバーが、「恩を仇で返しやがって」と激高し、煽り運転に転じる場合があるのだ。

次は、ブレーキを踏み過ぎること。

「前に追突してはいけない」と、必要以上にビクビク運転する彼らは、頻繁にブレーキを踏みたがる。

無論、ブレーキを踏めばクルマは素直に減速し、前方への衝突は避けられるのだが、初心者には、その行為の度に後ろのブレーキランプが点灯し、後続車両の反感を買っているところまで考えが及ばない。

ブレーキランプは、いわば「すぐ前に障害物がある」ことを後続車両に知らせるもの。差し当たり踏む必要のないブレーキを頻繁に踏めば、それは言わば「嘘」と同義となり、後続車両による煽り運転だけでなく、渋滞をも引き起こす原因になる。

最後に、これが問題なのだが、初心者マークを付けていること。

先に紹介した「煽る側・煽られる側の特徴」でも触れた通り、「高級車に乗った凡人」や「行き過ぎた正義感の持ち主」、「悪質ドライバー」らにとっては、初心者ドライバーは格好の標的となる。

「自分の存在感を誇示する」ため、はたまた「罰を与えて思い知らす」ため、彼らは執拗に初心者ドライバーの後を追う。そんな中、運転免許取得から1年以内のドライバーが所定の位置への掲示を義務付けられている「初心者マーク」は、皮肉にも彼ら悪質ドライバーに向けた「目印」になってしまっているのだ。


初心者ドライバーの特徴の中で特筆すべきなのが、「事故を起こしやすい」ことだ。2019年3月にも、免許取得から1か月後に、高3男子が男性をはねて死亡させる事故を起こしている。

が、厳密に言うと、本当に事故を起こしやすいのは「免許を取ったばかりの初心者」ではない。

これは筆者による分類だが、初心者ドライバーは、大きく「初期」と「後期」とに分けられる。その境は、「運転技術の上達」や「免許取得からの経過日数」などではなく、「ドライバー自身が運転に『慣れた』と思う前と後」だ。

ドライバーが「運転に慣れた」と思った途端、運転に対する向き合い方は無意識のうちに大きく変わる。

筆者が「道路デビュー」から数か月の間は、正直なところ自分が煽られていることすら気付かないほどガチガチに緊張していた。しかし、運転回数を重ねていくと徐々に周囲が見え始め、恐怖心や緊張感も激減。運転に「慣れた」と思うようになる。さらにそこに「若さ」も手伝い、免許を持っていない周囲の友人に「カッコいい」、「運転できていいな」と言われると、なんとも素直に気は大きくなり、優越感で運転も大胆になっていった。筆者がバイクとの接触事故を起こしたのは、ちょうどその頃だ。

先述のようにブレーキを頻繁に踏むなど、過剰に注意を払う「初期」は、周囲のドライバーに迷惑を掛けこそすれ、事故を起こすことはそれほど多くない。

実際、周囲のドライバーに話を聞いても、事故率が高いのは、「初心者初期」よりも「後期」。２０１９年12月に厳罰化された「ながら運転」や、景色に目を奪われる「わき見運転」をするのも、「ガチガチ運転」をしなくなった初心者後期だ。初期には、よそ見をする余裕すらない。

運転に「慣れた」と思うことは決して悪いことではないが、彼ら初心者が「余裕を持って運転できるようになった」と感じるほとんどの場合は、運転することに対して「慣れた」のではなく、「ダレた」だけだということを、彼らは自覚する必要がある。

この「初心者」という存在においてはさらにもう一つ、元トラックドライバーとして分かっておいてほしいことがある。「トラックドライバー」だからといって、彼ら全てが「運転のプロ」であるわけではないことだ。

運転が業務の大半を占めるトラックドライバーは、世間から「全員が運転のプロ」と思われている節があり、実際、彼らが事故を起こせば「トラックドライバーなのに」といった声がよく聞こえてくる。無論、長年トラックドライバーとして働いている人は、プライドを持ち「プロ」として業務を遂行している。

しかし、そんな彼らにも「デビューした日」があったように、道路には毎日のように「初心者トラックドライバー」が誕生しているのだ。

大きなクルマを操る以上、「運転のプロ」であるべきではあるのだが、どれだけ会社で研修を受けても、公道への独り立ちはやはり緊張し、世間がトラックドライバーに抱いているような運転ができるとは限らない。

こうしたトラックドライバーに対する世間の固定観念は、

「運転の上手い彼らになら、多少強引な運転をしても避けてくれるだろう」

「彼らはプロだから、自分の意思を察してくれるだろう」

といった、いわゆる「だろう運転」を引き起こす。

運転免許を持たない歩行者やサイクリストの場合はなおさらで、彼らは「だろう」を通り越し、「トラックが自分を轢く『はずがない』」とさえ思っているのか、交差点の信号待ちでは歩道ギリギリに立ってスマホをいじる。が、現状は、内輪差を計算できずに歩道に後輪を乗り上げるトラックやバスは少なくないのだ。

こうしたトラックドライバーが持ち合わせる「実力」と、「トラック＝プロ」という周囲が持つ固定観念とのギャップは、大きな事故を引き起こす要因になるのである。

本書を読んでくださっている方々の中には、初心者ドライバーもいらっしゃるだろうが、どうか「周囲にカッコいいところを見せよう」などと思わず、常に平常心で運転していただきたい。そして一般ドライバーも、彼らの荒めな運転にカリカリせず、「自分にもこういう時があったな」と温かく見守ってあげられれば、道路はもっとストレスから解放されるはずだ。

トラックドライバーの眠気対策

これまで紹介してきたように、日本の道路では様々な性格、技量を持ったドライバーが、多種多様な車両を昼夜問わずに走らせている。ゆえに、運転に対する心構えや感覚、疲労度などは、人によって千差万別だが、その中で、これら全てのドライバーが安全運転に努めるうえで、どうしても避けられない共通の天敵がある。

「睡魔」だ。

人間の三大欲求「食欲」「性欲」「睡眠欲」。この中で唯一、睡眠欲だけは「後にしてくれ」が言えない。特に運転中は、自分のみならず他人の命をも危険に晒しかねないゆえ、道路上で睡魔がやってくるのは、非常に厄介だ。

今回、長距離を走るトラックドライバーが、普段どんな「眠気対策」をしているのかアンケートをとってみた。ＳＮＳ上やサービスエリアでの聞き取りなどから、合計92名の意見を得られたので、トラックドライバー特有のものから、一般ドライバーにも適用できるものまでをいくつか挙げていこう。

①スルメを噛む

一般的に、眠気対策の代表的なアイテムとして知られているのは、「ガム」だろう。

が、すぐに味がなくなるため、長時間運転するトラックドライバーからは、あまり評判はよくない。中には、眠気覚まし系のガムを噛み過ぎて胃をおかしくしたドライバーもいる。

その代わりに重宝されているのが、「スルメ」。スルメはガム以上に顎運動を必要とし、味が失われることもない。むしろ、噛めば噛むほど味わい深くなっていくため、飽きることなく長時間噛み続けられるのだ。

今回のアンケートでは、なんと37名ものドライバーが「スルメを噛み続ける」と回答。日本の物流の一部は、「干されたイカ」によって支えられている……が、中には「スルメ最高説」に異を唱えるトラックドライバーも複数いた。理由を問うたところ、やはりこれだった。

「オレ歯ぁ無えんだ」

第1章や第3章でも紹介した通り、トラックドライバーには、歯が悪い人が多い。現役当時、筆者によくしてくれた、何言ってんのかよく分からなかった例のおっちゃんドライバーも、芋以上の硬いモノは食べられないと明るく話していた。

②窓を開ける

「換気」は、眠気の原因となる二酸化炭素を逃がすためにも重要になるため、長時間運転する際は季節に拘わらず、全てのドライバーに必要なことだといえるだろう。

中でも冬の寒い季節は、冷たい風を車内に取り込むと、眠気が一気に吹き飛ぶため、こまめな換気は有効な眠気対策になる。

ただし、乗用車が高速道路などを走行している際に窓を開けると、空気の流れの変化でハンドルを取られたり、車内にあるモノが車外に吸い出されたり、子どもが車外に体を出そうとしたりするなど、多くの危険が伴うことがあるため、注意する必要がある。

「換気」の余談として、夏の暑い時期にクルマに乗り込む際、できるだけ早く熱気を車外から出すのには、まず運転席のドアをできるだけ大きく開け、対角のドア（右ハンドル車なら左の後部座席のドア）を、10回程度バタバタと開け閉めするといい。

③飲み物の摂取

今回のアンケートでは、2種類の飲み物を支持する声が多く挙がった。

そのうちの一つが「炭酸飲料」だ。

炭酸飲料を飲むと、喉や胃がスカッとし、眠気が飛ぶと感じる人も多いだろう。が、炭酸飲料が眠気対策にいいとされるのには、「血中の二酸化炭素濃度を上げ、血管を拡張させることで、眠気解消に必要な酸素をより多く脳に運ぶ働きがある」という、科学的理由もあるそうだ（諸説あり）。

一方、眠気対策の定番アイテムとも言える「コーヒー」は、嗜好品としては愛されている反面「ガム」同様、「眠気対策」としては彼らからそれほど高い支持を得ていないようで、今回のアンケートでは少数派だった。

そのコーヒーの代わりに今回挙がったもう1つの飲み物が、「エナジードリンク」だ。エナジードリンクにはコーヒーと同じか、またはそれ以上にカフェインが多く入っており、飲めば眠気解消の効果があるとされている。が、その反面、こちらもコーヒーと同じか、またはそれ以上に「トイレが近くなる」という弱点があるため、時間に追われるトラックドライバーがエナジードリンクのプルタブを開ける時、一瞬「尿意」と「眠気」を天秤に掛けることがある。

④体に刺激を与える

文字通り、自分の体に鞭打って眠気と戦っているドライバーもいるようで、「叩く」「つねる」「引っ掻く」などの「痛み」で眠気を飛ばすという意見も多かった。

「叩きポイント」は、頬、腹、腿《もも》。

少々手荒な対策かもしれないが、事故を起こした時の痛みを考えれば、自分に引っ叩かれることくらい大したことではないのかもしれない。

⑤居眠り防止センサーを取り付ける

知り合いのトラックドライバーから教えてもらい、筆者も実際に購入してみたのが、「居眠り防止センサー」だ。

耳に掛けておくと、頭が一定以上傾いた際に、アラームや刺激が作動する仕組みになっている。メガネやサングラスを掛けていても使用可能だ。

商品によってはアラームを音のしない強力なバイブに変換できるものもあるので、ドライバーだけでなく、図書館で勉強している時や、オフィスワークなど、音が気になるシーンでも使える。安いものだと1000円以下からあるので、興味のある方は、試しに購入してみるのもいいかもしれない。

⑥歌う

恐らくこの世に「熱唱しないトラックドライバー」は存在しないだろう。高い車高から目前の富士山に向かって「We will rock you」なぞと叫べば、カラオケボックスでは得られない開放感。眠気だって一気に吹っ飛ぶ。

筆者がトラックに乗っていた頃、世間では「ひとりカラオケ」が急速に流行り出したのだが、終日「個室」に座り続けるトラックドライバーにとっては、もはやひとりカラオケは昔から「業務の一環」。そのためか、彼らにはやはり歌が上手い人が多い。

第1章でも紹介した通り、歌い手になりたかった筆者にとっては、最高かつ、ある意味最悪の環境だった。

⑦無料通話アプリでの会話

トラックドライバーは基本的に単独行動であるため、運転中は人と接する状況にはない。自分のペースで仕事ができ、気楽ではあるのだが、その一方、こうした環境が眠気の原因になっているのも事実だ。

そんな時彼らは、同じように日本のどこかでトラックを走らせている同業同士、LINEやメッセンジャーといった「無料通話アプリ」で繋がり、互いに励まし合うのだ。

こちらも第1章で紹介した通り、とにかく彼らは仲間意識が大変強い。一度も直接会ったことのないドライバー同士でも、眠たければ話し相手になり、渋滞にはまれば交通情報をシェアし合う。こうした彼らの助け合い精神を目の当たりにすると、どんな歯抜けのおっちゃんでも、大変カッコよく見えてくる（……まあ、人によるな）。

⑧寝る

今回のアンケートの中で最も多かった回答が、意外にも「欲に逆らわずに寝る」だった。言われてみれば、これ以上最善の対策はない。

「定時到着」が命のトラックドライバーだが、「『眠い』という脳の声には素直に応えてやるのが一番」、「時間厳守は大事だが、居眠り運転で事故を起こしては元も子もない」と考えるドライバーは非常に多く、彼らは、眠くなったらＳＡやコンビニなど「停まれる場所」を探し、例の「足上げ」の状態で仮眠を取るようにしているという。

が、時間は長くて10分程度。彼らの脳内時計の針は、やはり常に動いたままなのだ。

⑨喘ぎ声を聞く

筆者は女性ゆえ、こうした対策があることは彼らに話を聞くまで知らなかったのだが、今回のアンケートでは、「女性の喘ぎ声を大音量で聞く」という答えが非常に多く、正直一瞬全力でドン引きしたのだが、その一方、未知の世界を知り大変興奮した。

筆者はブルーカラー（作業服を着て仕事をする人）の求人広告などに現れるミニスカート姿の「女性コンパニオン」にとてつもなく大きな違和感を覚えており、仕事をするうえでも「性欲」は全く必要ないと考えているのだが、筆者も経験上、居眠り運転の恐ろしさは痛いほど分かるゆえ、この「喘ぎ声」においては心の底から「仕方がない」、「使うべき」だと思う。が、こちらを実施される場合は、くれぐれも「対策②」や「対策⑦」との併用には十分に注意していただきたい。

その他の少数意見には、「高速道路の白線を見ない」、「ティッシュを噛む」、「息を止める」、「深呼吸する」など、斬新な対策も多々あった。

ちなみに、筆者自身が行っていた眠気対策は、２つ。

先にも紹介したが、一つは「車内を常に少し寒くしておく」こと。特に、人間は足を温めると即刻眠くなるので、冬場でも温風は足元からではなく上部から出すようにしていた。

もう一つは、「腹いっぱい食べない」こと。遠方のサービスエリアや道の駅に行くと、ご当地弁当などが置いていて食欲がそそられるところだが、腹が満たされると全自動で睡魔が襲ってくるため、なるべく食事は少量に留めていた。

第5章　物流よ、変われ

京急事故の現場に残されたタイヤ痕

ドライバー不足の原因

現在、物流業界が抱えている最も深刻な問題は、これまでにも何度か述べてきた通り、やはり「ドライバー不足」だろう。

２０１９年に厚生労働省が発表した「職業安定業務統計」によると、２０１８年平均の全職種における有効求人倍率が１・61倍であるのに対し、トラックドライバーを含む「自動車運転の職業」（２０１８年12月）は３・26倍。２倍以上も高いことになる。同年によく聞いた「引越し難民」も、こうしたトラックドライバー不足が背景にある。

「自動運転」が注目される昨今だが、現在のところ、クルマでモノを届けるのに「人間はいらない」とする運送業者は1社たりともなく、その人間の手を必要としない物流システムが構築されるまでには、この先最低でもあと数十年はかかるだろう。

するとやはり、ドライバー不足の解消は急務になる。そもそもどうして物流業界がドライバー不足に陥ったのか。

ドライバー不足が深刻になった原因の大元には、先にも少し触れた「規制緩和」がある。物流業界を大きく変えた出来事で、運送業界関係者は口を揃えて「あれが今の物流をおかしくした元凶だ」と嘆く。

少し難しい話になるが、噛み砕いて説明すると、物流業界は1990年に施行された「貨物自動車運送事業法」と「貨物運送取扱事業法」（後の「貨物利用運送事業法」）、いわゆる「物流2法」によって、従来あったさまざまな規制が一気に緩和。以降、同業界に新規参入が続出したのだ。

その結果、同業他社との価格競争だけでなく、大手運送企業や「水屋」と呼ばれる仲介業者によるピンハネが必要以上に激化。現在、筆者の知るところでも下請けが第7次まで連なり、末端企業は利益どころか、次の仕事のために赤字で走ることさえある。

競合他社の間にもたらした競争は、「価格」だけに留まらない。〝独自サービス〟などで他社との差別化を図ろうとしたことで、「行き過ぎた荷主第一主義」をも生み出した。第3章でも書いた、トラックドライバーによる手荷役作業や長時間労働、過積載は、そんな荷主第一主義に大きく起因するものだ。

その後2003年に、スピードリミッターの装着が義務付けられ、大型トラックはどんなにアクセルを踏んでも時速90キロ以上出せなくなった（大型トラックの制限速度は時速80キロ)。また2006年には、道路交通法が改正され、駐車違反の取り締まりが強化される。さらに、世間で働き方改革の機運が高まると、国は運送企業各社への「改善基準」の指導も年々強化。ドライバーは会社から改善基準に定められている通り、4時間に30分の休憩、翌日業務まで8時間以上の休息などを厳しく指示されるようになり(安全運転上休むべきではあるが)、結果的にトラック業務は、もはや「給料が安いのに過酷な仕事」の代名詞と化す。

こうなれば、新しい人材が集まるワケがない。

こうして運送業界が人材集めに苦しむ一方で、昨今、配送の需要は世間で急増。その最大の要因が、すでに度々言及している「ECサイトの普及」である。

長距離ドライバーはもちろんだが、とりわけ消費者に直接荷物を届けるラストワンマイルのトラックドライバーは、「指1本でのお買い物」のしわ寄せをもろに受け、大小様々なモノを、日々各家庭・会社にいる「神」という名の「客(受取人)」へと運ぶ。

一方、近年の一人暮らしや共働きといった生活スタイルも手伝い、日本にいる神々が繰り返すのが、後に詳述する「再配達」だ。1日200個以上届ける配達員の疲弊顔をよそに、中には居留守を使い「神隠れ」する客までいるため、配達員はますます時間に追われる。彼らには、長距離ドライバーとはまた違った、「わがままな神」から被る苦労があるのだ。

さらに今後、運送業界が懸念するのが「ドライバーの高齢化」だ。

ドライバーの高齢化はすでに始まっており、総務省統計局「労働力調査」（２０１８年）によると、30代までの若い就業者が、全体の約27％であるのに対し、50代以上のドライバーは、約41％。60代以上だけでも16％以上にもなる。

既述通り、昨今、国内で高齢者ドライバーによる事故が発生するたびに「免許返納」が議論される一方、運送業界においては、60〜70代の高齢・高齢予備軍のドライバーも決して珍しくない。むしろ定年後のトラックドライバーは免許取得済み、かつ多くの経験を持っていることから、「即戦力」として大いに歓迎されるのが現状なのだ。

実は、運送業界に若手が入ってこないのには、現在の免許制度が一因となっているとする業界関係者も少なくない。

第3章で詳述したように、汎用性が大変高く、中・長距離の現場で最も重宝されているトラックの一つに、4トン車というトラックがある。この4トン車は、以前は普通免許でも運転できていたのだが、2007年の免許制度の改定により「中型免許」がないと運転できなくなった。第1章で記した通り、筆者が当時、普通免許からいきなり大型免許を取った理由もここにある。

この中型免許がやっかいなのは、普通免許取得から2年以上の経験が必要であること。そのため、18歳で普通免許を取得した高校卒業後の若者が、中・長距離を担う運送企業に入ってこなくなったのだ。

無論、中型免許を取得する際には、教習所への再入所が必要となる。免許取得費用を支給してくれる会社もあるものの、その時間と手間とタイミングを考えれば、やはり若者にとって物流業界への就職はハードルが高いのだ。

ちなみにトラックドライバーの中には、高齢になるとタクシードライバーに転職する人が多く、やたらと気さくに話しかけてくるドライバーの話を聞いてみると、やはりかつては人恋しいトラックドライバーだったということが過去に何度もある。

日本の貨物輸送の9割以上をトラックが担い、この世に存在するほとんどの業種とも密接に関係している現状の中、このまま運送業界のドライバー不足が加速すれば、いずれ同問題は様々な業界に飛び火し、日本の経済循環にも悪影響を及ぼしていくだろう。

京急事故で見えた課題

「まえがき」にも記した通り、本書の執筆も佳境に差し掛かったころ、取り上げないわけにはいかない大きな事故が発生した。２０１９年9月5日、横浜市神奈川区の「神奈川新町―仲木戸」間の踏切で起きた「京急踏切脱線事故」だ。

千葉県香取市にある運送会社を午前4時に出発した全長約12メートルの大型トラックは、当日、出田町《でた》ふ頭にある青果市場でオレンジなどを積み、予定では午後1時ごろに千葉県成田市の卸売会社に到着するはずだった。

ところが、ふ頭を出た先で、会社から教えられた正規のルートから外れると、最終的に京急の線路と並行する小道に進入。踏切を右折しようとしたところ立ち往生し、午前11時40分ごろ、通常時速１２０キロで走行する8両編成の京急下り快特電車と衝突。電車は3両目までが脱線し、乗客33名が負傷、トラックドライバーは死亡した。

彼がこのルートの仕事をするのは4度目で、初回以降は一人で走行していたとのことだったが、今回トラックが走行していたのは、その初回の際に同乗者が教えた通常のルートとは違う道だったという。

ドライバーは67歳の男性。別の運送会社で20年ほど同じくドライバーとして働いていた、いわゆるベテランだ。２０１８年10月から、事故当時の千葉県の運送会社で働き始め、今回の事故までは無事故。健康診断でも問題は見当たらなかったという。

同事故は、先に述べた「ドライバーの高齢化」と、「現代道路の在り方」、「昨今の物流の需要の高まりで大容量化するトラック」、「低運賃化」の掛け算問題を、世間にも解いてもらうきっかけになったはずの出来事だったのだが、その直後に発生した台風15号に報道が集中。残念なことに、主要メディアでは、「方程式」どころか、その「計算問題」すら紹介されることはなかった。

そんな無念な思いもあって、筆者が１か月間で現場を訪れた回数は６度に及ぶ。事故発生当初こそ大勢いた取材記者も、２週間後には姿を消し、１か月後には、現場はまるで何事もなかったかのように、平穏な状態に戻っていた。ベニヤ板の仮壁とタイヤ痕、茶色く枯れ果てたいくつもの献花を残して。

近年稀に見る大きな踏切事故。乗客側に死者が出なかったことは唯一の救いだが、一方、「ドライバーの死は免れなかったのか」という視点から振り返ると、いくつもの回避ポイントがあるように思えてならない。現場を走って感じた同事故における４つの

「たられば」から、今後検討すべき対策を考えてみよう。

現場を初めて走った際、真っ先に思ったのが「標識がもっと分かりやすかったら」ということだった。

小道手前の道路にあった2枚の標識は、実に情報量が多かった。その道路の制限速度は、時速40キロだが、同時速のクルマは、1秒で約11メートル進む。そんな中、情報過多な標識を早朝4時から働き始めた67歳が瞬時に見て理解するのは、決して簡単なことではない。

また、その標識は現在、2枚とも道路の奥のほうに設置されているのだが、実はそれよりも手前に、大型車でも余裕を持って回避できそうな側道がある。「最終警告」ともなるこの標識が、もしこの側道よりも手前にあったら、回避のチャンスが一つ増えていたのではと思えてならない。

さらにもう一つ気になったのは、標識に街路樹の葉がかかっていたことだ。今回の事故の直接的な原因になったとは考えづらいものの、こうした街路樹の行政による管理は徹底してほしいと改めて思う。

二つ目の「たられば」として感じたのは、「4軸低床車でなければ」だ。

トラックに乗ったことのない人にはあまり気付かれないのだが、大型トラックには種類がある。現在よく使用されているのは、「4軸低床車」と「3軸高床車」だ。

「4軸車」は、横から見るとタイヤが4列（前輪2軸、後輪2軸）、「3軸車」は3列（前輪1軸、後輪2軸）になっている。「低床車」は文字通り、トラックの荷台の底が低く、「高床車」はそれが高い。今回事故を起こしたトラックは、タイヤが4列で床が低い「4軸低床車」だった。

決してこの4軸低床車自体が悪いわけではないが、事故車が同車だと知った瞬間、真っ先に浮かんだのが、もし今回のトラックが3軸高床車だったら、彼は立ち往生しなかったのでは、という思いだった。

大型トラックの全高（クルマの高さ）は、法律で「3・8メートル以内」と決まっている（特例のものは4・1メートル以内）。一方、現場は少しでも多くの荷物を運びたい。そのため、天井を上げる代わりに荷台の床を下げ、荷室スペースを広げた。一方、こうして床を低くするためには、今度はタイヤを小さくする必要がある。タイヤを小さくする分、その数を増やして荷の重さに耐えられるようにした。これが「4軸低床車」

だ。

こうして同車は、多くの荷物を運べるだけでなく、タイヤの数が多くなることで接地面積も増えるため、ブレーキの利きがよく、直進運転も安定。そのため、精密機械の輸送や、それほど重くないものを大量に運ぶのに重宝されている。床が低い分、荷積みが幾分楽になるのも利点だ。

が、その反面、前に2軸、後ろに2軸タイヤがあることで、3軸車と比べると「小回り」が利きにくくなるというデメリットが生じる。今回の事故は、それが仇となった可能性が考えられるのだ。

この推察について、現役のトラックドライバーに意見を求めたところ、多くの同意があった一方、「あの道は4低じゃなくても曲がれなかっただろう」、「3軸車だったら左折はできたのでは」という意見もあった。

まえがきにも記した通り、トラックが国の「血液」であるのに対し、道路は「血管」。が、日本の血管には、「毛細血管」と化しているところが多くある。それも、大動脈である幹線道路から直接かつ複雑に生え伸びているところも少なくない。同事故現場も、踏切を抜ければすぐ国道15号線だ。高年齢化や低コスト、大容量化によってトラックの仕様やドライバーの特性が変わるのならば、道や標識も変わる必要があるはずだ。

２０１９年10月現在では、車長の短い大型ダンプなども通るためか、当該の小道は大型車の進入が禁止されていないが、今後、全国の小道・路地含め、進入可能車の確認や細分化、見直しなどを検討していくべきだろう。

三つ目は、「警察を呼んでいれば」。

トラックドライバーは世間から「運転のプロ」とみなされる。無論、ドライバー本人たちにも、プロ意識が強い人がほとんどだ。しかし、第４章でも述べたように、トラックドライバーも人間である以上、時には大なり小なりミスはするのだ。

今回のドライバーも大きなミスを犯した。が、それは世間の言う「小道に入ったこと」でも、「踏切を右折したこと」でもない。「無理だとすぐに判断できなかったこと」だ。

この件でも現役ドライバーに、どうすれば今回の事故は防げたか意見を聞いたところ、「手前の道路で早めにUターンするべきだった」、「小道をバックして戻るべきだった」といった声のほか、「警察を呼ぶべきだった」という回答が多数出た。

トラックは車体が大きいため、立ち往生すると周囲に多大な迷惑を掛ける。その時のプレッシャーは、普通車の比ではない。が、そこで無理をして周囲のクルマにぶつけたり、歩行者と接触したりすれば、どんな言い訳もきかなくなる。それゆえ、立ち往生した時は潔くプライドを捨てて自力での脱出を諦め、警察に誘導要請するべきであり、それができる人こそが、「真のプロドライバー」だというのが、多くの現役ドライバーの意見だった。

ちなみに、警察を呼ぶべきなのは、トラックドライバーや踏切での立ち往生に限ったことではなく、普通車がどんな道を通った際でも同じだ。警察の交通課は、「交通整理」も職務の一環であるため、誘導要請のために１１０番しても叱られたり、違反切符を切られたりすることはない。

そして、最も悔やまれる「たられば」。それは「トラックを降りていれば」である。

今回の事故で何よりも残念なのは、彼が最後までトラックを降りなかったことだ。どちらにせよ電車との衝突が避けられなかったのならば、彼にはせめて衝突前に脱出していてほしかった。

警報機が鳴り始めて電車が衝突するまでは約30秒。彼はこの時間を、逃げるためではなく、現状を挽回するためのものとして捉えたのだ。

トラックドライバーは、世間からその印象を「強引」「ヤンチャ」「自分勝手」などとされがちだが、実際は、第1章でも紹介した通り、非常に繊細で責任感の強い人が多い。ましてや彼は、67歳で入社1年足らず。トラックに傷をつけてはいけない、会社や社会に迷惑を掛けてはいけない、という心理が強く働いたに違いない。

踏切に付いた黒いタイヤ痕から、車体が引きずられ止まったベニヤ板の仮壁までの約20メートル。取材中、踏切の音を背に何度も歩いて見えたのは、やはり「掛け算問題」だった。

少しの工夫で避けられた彼の死。十数秒おきに鳴る現場の踏切。地面に残るタイヤ痕やえぐられた傷の上に立つたびに、「怖かっただろうな」という思いに襲われ、胸が締め付けられる。今回の事故が、少しでも今後の物流や道路環境改善の教訓として活かされることを願わずにはいられない。

ドライバーを外国人で補えない理由

周知の通り、労働者の高齢化や人手不足は、深刻度は違えど運送業界だけの問題ではない。そんな状況を打開すべく国内で昨今広がりを見せるのは、「外国人労働者の受け入れ」だ。２０１９年4月には改正入管法が施行され、留学生や技能実習生、特定技能ビザを持った外国人労働者は今後もますます増えるだろう。

これに伴い、運送業界の一部からも「トラックドライバー要員として海外から外国人労働者を受け入れたい」という声が漏れ聞こえてくるのだが、同業界と外国人労働者問題の動向を傍で見守ってきた立場からすると、現状では、彼らをトラックドライバーとして雇用するのは、様々な理由から難しいと言える。

とはいえ、昨今の日本の物流業界の裏方業務は、外国人労働者なしではすでに成立しない状態にある。宅配利用者は普段、仕分け作業の現場を目にすることはないが、「荷物の仕分け」のラインに立つ作業者の多くは、アルバイトとして働く「外国人留学生」なのだ。にも拘わらず、同じ物流業界にある「トラックドライバー」という業務に、彼ら外国人の姿をほとんど見ないのは、どうしてなのか。

その理由は、「ビザ」と「運転免許」という壁の存在にある。

外国人が日本で就労する際に必要となるビザは、現在のところ全17種ある。が、弁護士や医者などとは違い、「高度技術や専門知識は要しない労働」と位置付けられているトラック運転業は、そのどれにも該当しない。つまり、「運送業に従事するために来日する」ことはできないのだ。

一方の運転免許だが、日本に〝在留〟する外国人であれば、原則誰でも取得することはできる。無論、アルバイトとして単純労働に従事する「留学生」の場合でも、必要があるならば、法的には大型免許を取得して、実際に運転業務に就くことも可能なのだ。が、彼らは「入管法」で1週間に28時間しか就労が許されていないため、必然的に長時間労働になるトラックドライバーは、そもそも不向きだ。

また、留学ビザの在留期間は最長でも4年3か月（理由があれば更新は可能だが、あまり現実的ではない）。一方、現在の道路交通法では、日本の「普通自動車免許」を取得してから中型免許は2年、大型免許は3年以上経過していないと取得できないようになっているため、これら中・大型免許を取得する場合は、「時間制限」のある中、来日直後に普通免許を取得し、そこから数年後、再度教習所に通い、時間と料金を費やさなければならないことになる。ゆえに非効率で、どうやっても「取り損」になるのだ。

自国で取得していた免許を、日本の同型免許に切り替えるという方法もあるが、それには、知識確認や技能確認などといったテストを受ける必要がある。これらが免除される国・地域も29あるが、その中でアジア諸国は、韓国と台湾のみ。現在、来日する留学生数トップの中国や2位のベトナム、また、近年その数が急増しているミャンマーやネパールなどの東南アジア諸国は入っていない。

ちなみに、諸外国の免許から日本の同型免許に切り替えることができるのは「一種免許」のみ。「二種免許」は、切り替えでは取得できず、日本でイチから取り直さねばならない。

このように、現在の環境では、就労ビザや留学ビザを取得した、〝来日間もない外国人〟が運転免許を取り、運送業界でドライバーとして働くことは、どの角度からも難しくなっている。それゆえ、外国人のトラックドライバーは、「永住者」でない限りほとんど存在しないのが現状なのだ。

こうした「ビザ」や「運転免許」といった壁を取り払うべく「入管法改正」で新設された「特定技能」の14業種に、「運送業」も加えてほしいと望む業者も一部には存在するのだが、日本のトラックドライバー不足は、たとえその要望が通ったとしても、外国人労働者の受け入れでは解決しないと断言できる。いや、解決するどころか、外国人ドライバーを雇用することで、別の問題を量産する可能性すらあるのだ。

その大きな要因となるのは、「日本の物流の質の高さ」にある。

日本で生活していると気付きにくいかもしれないが、日本の物流の質やサービスは、世界でもズバ抜けて高い。指定した時間帯に、8つ角がしっかり残った荷物が、車体に傷・へこみひとつない「ドライバーのネームプレート」付きのトラックで届けられるのは、世界広しといえども日本ぐらいなものだ。

何度も述べているように、日本のトラックドライバーの本業は「運転」でなく、荷物を安全・無傷・定時に届けること。来日間もない外国人に任せると、荷積みの徹底度や時間的感覚に文化的差異が生じ、トラブルになりやすく、死亡事故などを起こした際は、国際問題に発展する恐れもある。

荒道・細道・交通量の多い諸外国で長年運転してきた外国人ならば、運転技術は日本人よりあるかもしれないが、「上手い」と「丁寧」は、全く違う。緻密かつ繊細な走りを求められる「日本のトラックドライバー」という職業は、突然日本にやって来た外国人には、やはりどうしても「荷が重い」のだ。

日本の真のグローバル化に対して、筆者は、トラックシリーズ以外の記事でも、今まで「一刻も早く進めるべき事案だ」と唱え続けてきた。が、国内の「人手不足」をむやみに外国人労働者で補おうとする流れや短絡的な考えは、外国人を単なる働き手としかみていないことが明らかで、全くもって賛成できない。

トラックドライバーの業務は、実際のところ、「単純労働」ではなく「単純過酷労働」だ。ドライバー不足を解消するには、人材を増やそうとする前に、彼らの労働環境の改善を第一に進めた方が断然早い。

私は「トラガール」ではない

そこで現在、業界が積極的に推し進めているのが、女性のドライバーの採用だ。すでにご存じの通り、筆者も女性である。

執筆したネットニュース記事が公開されると、読者各位からは毎度、多種多様なご意見をいただくのだが、そんな中、今でもトラック関連の記事を書くと必ず1通は届く文言がある。

「女性だったんですね」だ。

本書を含め、今まで製造や物流に関する記事は、敢えて「女性」目線では書いてこなかったが、今回は「女性トラックドライバーの実態や苦悩」、筆者がイチ個人として思う「クルマ業界の女性観」を少し綴ってみたい。

筆者がトラックに乗るようになったきっかけは、第1章でも紹介した通り、「現場との苦労の共有」と、「工場からの逃避」である。

国土交通省によると、現在トラックドライバーに占める女性比率は、2・4％（約2万人）。全産業の女性労働者の割合42・8％と比べると、その異常な少なさが分かる。中でも「長距離の大型トラックドライバー」となるとその数はさらに少なく、あれから数年経った今でも、ほんのひと握りしか存在しない。筆者が現役で走っていた当時は、同じように長距離を走る女性ドライバーを他に見聞きしたことはなかった。

これほどまでに女性トラックドライバーが少ないのには、大きな原因がある。

他でもない、女性にはやはり過酷なのだ。

「運転作業は、男性よりも繊細で注意力のある女性のほうが向いている」という声を時々耳にするのだが、中・長距離を走るトラックのハンドルを握った先に待っているのは、「重い荷物の取り扱い」や「不規則で長い労働時間」。労働環境としては、筋力・体力のある男性のほうがどうしても有利になることが多いのである。

中でも女性ドライバーにとって深刻な問題になるのが、「トイレ」だ。

トラックはその大きさから、停車できる場所が極端に少ないということは何度も述べているが、こと女性の場合においては、小規模な工場や倉庫などに行くと、女性トイレが構内に設置すらされていないことも少なくない。

運転中、渋滞にハマれば文字通りの地獄。男性には、様々な「裏ワザ」があるものの、女性の場合はそうもいかない。

一度、事故渋滞で数時間微動だにしない高速道路上で、その車列の先に幸運にも高速バスを見つけ、頼み込んで車内トイレを借りたことがあるが、そんな「トイレの神様」はめったに訪れない。

さらに、１か月に一度やってくる生理と、遠方の得意先への引取り・納品が重なると、生理用品の取り換えの他、足の浮腫み、眠くなる鎮痛剤が飲めずに生理痛と格闘するなど、様々な身体的現象に対峙させられるのだ。トラックを停める場所がなく、長時間生理用品を取り換えられずに汚してしまった座布団を見た時の虚しさは、モノ書きで食べている身でも表現のしようがない。

そんなブルーカラーの働く現場は、ホワイトカラーの現場よりも女性蔑視が露骨になりやすい傾向にある。

その原因は、男性社会であること、セクハラが容認されてきた世代が比較的多いこと、そして肉体労働の現場であることが挙げられる。

初めて訪れた中規模工場で、荷降ろしをしようとトラックの荷台に乗り込んだ時、50代ほどの男性担当者にこんな言葉を掛けられたことがあった。

「たくましいね、今度来る時はスカート穿いてきてよ」

筆者のトラックは「平ボディ」という荷台が箱になっていないタイプのトラックだったため、乗り込む際は、タイヤに片足を引っ掛け、大股になって荷台によじ上る必要があった。スカートを穿けばどうなるかは、誰もが想像がつくはずだ。

「交際相手はウチの工場で何人でも探せばいい」、「重い荷物の積み込みを手伝うから、その代わり今度デートしてくれ」、「トラックって後ろにベッドあるんでしょ」。

幸か不幸か、彼らのこうした言動には悪意がない。一部の女性がそれらに苦し紛れの笑顔で返すのは、相手が「仕事相手」だからであり、男性だからではないのだが、彼らはそれを「ウケた」と勘違いし、「女性とのコミュニケーション手段」として繰り返し口にしてしまうようになるのだ。

こうしたブルーカラーの中で働く女性のためのインフラや環境が改善されぬまま、国土交通省が2014年に立ち上げたものがある。

「トラガール促進プロジェクト」だ。

「業界イメージの改善に向けた積極的な情報発信」を行うため、同省自動車局のホームページ内にサイトを立ち上げ、トラガールのなり方や女性ドライバーへのインタビュー、安倍総理への表敬訪問の様子などを紹介している。

筆者は、このプロジェクトには全く賛同できない。理由は2つある。

まず、そのネーミングだ。

トラックに乗る女性をわざわざ「トラガール」とすることで、業界イメージが改善されることはもちろんないし、看護師やキャビンアテンダントなど、業界内の性差をなくそうとしている時流の中、この「トラガール」は、時代に逆行した流れでしかない。

この固有名詞ができて以来、筆者は時折「トラガールだったんですね」と言われるようになったのだが、筆者は決して「トラガール」ではない。

二つ目は、そのサイトに散らばる「ピンク色」である。

普段働くうえで、製造の世界にも物流の世界にも「ピンク色」したものは周りに一切ない。黒、紺、茶色の世界に、ピンク色を入れれば完全に浮く。「女性を募集するのだからいいのでは」と思われがちだが、ホワイトカラーの職場にいる女性をピンク色で

「事務ガール」としてみれば、「トラガール」の異様さに気付くはずだ。

そこに、「女性の女性による女性のためのトラック～Cute Truck Project～」と題し、名前まで付いた真っピンクなトラックまで登場した時は、それまでやってきた自分の仕事が軽視されている感が否めなかったのだが、さすがにこうした現場の声を察したか、幸いなことに現在、この「ピンクのトラック」を路上で見ることはない。

女性トラッカーを増やそうとする活動自体は、決して悪いことではない。女性ドライバーがピンク色のトラックを選んで乗ることも決して悪いことではない。普通車で回れる2トンや、比較的軽いものを運ぶ地場のルート便などであれば、女性でも快適に仕事ができると思うし、無論トラックの大きさに拘わらず、実際もっと多くの女性が活躍すべきだと思う。

が、先述したような「ブルーカラー」の実態や本質に目を向けず、女性ドライバー全体のイメージを「ピンク」に縛る「ホワイトカラー」生まれの発想は、歯を食いしばって現場を生きた人間たちからすると「多色混合」が過ぎ、決して気持ちがいいものではないのだ。

真っ先に改善しなければならないのは、〝業界イメージ〟ではなく、「現場の環境」である。

余談になるが、クルマ業界に「性」を持ち込む現場として同じく違和感を抱くのが、「モーターショーのコンパニオン」や「レースクイーン」の存在だ。

幼いころからクルマの製造現場を見てきたためか、筆者は昔からクルマが好きでよくモーターショーの会場に足を運ぶのだが、そこでは必ずと言っていいほど展示車の隣に女性コンパニオンが立っている。小さい頃からその存在が不思議で仕方なかった。

本当にクルマが好きな人間からすれば、彼女らの存在は「視界を遮る存在」でしかなく、状況によってはクルマの価値さえ落としかねない。

そのクルマのコンセプトに合ったモデルが立っているのなら深く理解はできるものの、ファミリーカーやトラックの傍にキラキラ反射する服や、それで運転したら完全に道交法違反になるようなハイヒールを身にまとった女性を立たせる意味は、全く理解できない。

中にはコンパニオン目当てのカメラマンもおり、「入場者数が増える」、「画像を拡散して宣伝してくれる」という主催者側の事情もあるだろうが、クルマを「男性が見るモノ」と決めつける姿勢を改めれば、その分間違いなく「インスタ映え」を狙う女性来場者は増えると筆者は毎度思うのだ。

長年、男性社会に身を置いてきた手前、こうしたブルーカラーの現場で生きる男性の「昨今の肩身の狭さ」も、反面深く深く理解できる。昨今急激に盛り上がるフェミニズム運動は、ホワイトカラー目線で語られることが多く、女性である筆者でさえも、時折何とも言えぬ違和感を覚える。これが、今まで筆者が女性目線で製造・運送業界を書いてこなかった大まかな理由だ。

本当にブルーカラーが人手不足で女性を取り込みたいのであれば、社会をできる限り平等にしていこうとするのであれば、どんな差別問題においても「互いに対する知識と理解」が必要になることは間違いない。

荷主は閻魔さま

運送業界が、自身のひっ迫した状態を知ってほしいと思う相手がある。第3章でも触れた「荷主」だ。

宅配の配達員にとって、我々消費者が「わがままな神」であるならば、輸送ドライバーたちにとって、荷主は「閻魔大王」といったところである。

筆者の経験を一部紹介すると、第1章で、筆者が「豆もやし」とした閻魔大王は、約束通り朝イチ8時半に到着していた筆者を「荷捌きが忙しいから」と3時間以上真夏の車内で待たせ、さらに正午になると「工場は昼休みの間、車両走行禁止だから」と言い残して社員食堂へ向かう。

男性だらけの工場には、当時女性トイレも近くになく、気負いしながら「トイレ貸してください」を言いに訪れた昼休みの事務所は、案の定ドアを叩いても何の応答もない。得意先である彼らに「おいコラ」とメンチを切るワケにもいかず、午後2時にようやく同社を出た筆者は、せめてもの仕返しとして終日工場の外に出てこない彼を、帰路の車内で「ありゃあれや。『豆もやし』や」と命名したのだ。

彼の本名は思い出せない。名刺を調べればすぐに出るのだが、本書執筆のために過去を回顧した限りでは、やはりどうしても彼の名前は出てこなかった。が、自らが作ったインパクトのあるあだ名のせいで、彼との初対面から10年以上経った今でも、スーパーの野菜売り場を通るたび、彼の顔が鮮明に思い浮かぶ。

話を元に戻そう。

今まで述べてきた通り、彼らドライバーは、「延着（遅刻）」はおろか「早着（早く着くこと）」も許されないうえ、荷主の中には「近所迷惑になるから建物周辺での待機禁止」とするところも多い。そのため彼らは、高速道路の深夜割引の時間調整をしつつ、SA・PAやコンビニなどで「駐車マス争奪戦」を繰り広げたり、できるだけ他車に迷惑がかからない路上にクルマを停め、精神的に落ち着かないまま休息を取ったりするなどしながら、なんとか「時間ぴったり」に荷主の元へ向かうのだ。

が、これで終わりではない。現場ではさらに他のトラックとの順番争いが待っており、指定された時間通りに荷積み・降ろしできることはめったにない。3時間以上も荷待ちさせられることは、昨今でもごくごく当たり前の状況で、ひどい時は先述の筆者の経験の通り、半日近くを棒に振ることもある。彼ら荷主の「ジャスト・イン・タイム」での効率化は、こうしたトラックドライバーの犠牲のもとで成り立っているのだ。

これほど悲惨な現場にも拘わらず、なかなか改善されないのは、「荷主」が「閻魔大王」である以外に理由はない。国土交通省によると、トラック運送事業者の99・6％は従業員300人以下の中小企業。競合他社だらけの中、得意先である彼らには強く要求することもできず、「待て」と言われれば、仕方なくそれに従うしかない。が、荷主からは「荷待ち料」などが運送業者やドライバーに支払われることは未だに少ない。どれほど長い時間待たされても、みなし残業制によってサービス残業が常態化するトラックドライバーの給与には、その荷待ちが反映されないこともザラなのだ。

しかし昨今、そんな現状にほんのわずかではあるが、改善の動きも見られ始めている。深刻なトラックドライバーの長時間に及ぶ荷待ちに対して、社内における「効率化」の見直しや、トラックドライバーへの駐車スペースの提供などを模索する荷主が現れるようになったのだ。

成果はまだ大きくは出ていないものの、国も少しずつ対策に乗り出し始めている。第3章でも紹介した通り、国土交通省は2017年7月から、車両総重量8トン以上または最大積載量5トン以上のトラックに対して、荷主都合による荷待ちを30分以上させる場合は、荷主に「乗務記録」を記載させ、勧告等を行うにあたっての判断材料とするとした。

2018年11月には、厚生労働省と国土交通省、全日本トラック協会が「荷主と運送事業者の協力による取引環境と長時間労働の改善に向けたガイドライン」を策定。「トラック運送事業者の自助努力だけでは労働時間の短縮が進まない」と明言し、運送事業者、荷主、行政等の関係者が一体となって改善を目指せるよう、取り組みを「ステップ」に分けて分かりやすく紹介している。

そして2019年には、国土交通省が中心となって運営される「ホワイト物流」推進運動が本格始動。「トラック輸送の生産性の向上や物流の効率化」と「女性や60代以上の運転者等も働きやすい、よりホワイトな労働環境の実現」を掲げ、賛同を表明した企業名を公表することで促進を図っていこうとしている。

さらに、こうした長時間の荷待ちをテクノロジーで改善しようとする動きも出てきた。最新技術でトラックドライバーの作業時間を「見える化」し、仕事の効率を上げるシステムを開発しようとするＩＴ系企業が出始めているのだ。

現在、トラックは荷主の元へ到着すると受付で渡される用紙に企業情報を記入。その後、既着のトラックが作る列の最後尾に並び、列が動くたびに少しずつ前進している。いつ動くか分からない列に、トラックドライバーは車内での待機を強いられているのだが、これをＩＴの導入によって、受付を済ませたトラックを一元管理し、予約や呼び出しまでを行えるシステムが好評を得ているのだ。これらの情報はデータ化され、将来さらなる効率化のために活かされる。

こうしたIT化への課題として言えるのは、「運送業界全体のIT化の遅れ」だろう。未だファックスでやり取りをする企業の多い同業界。一部の企業がデジタル管理へと舵を切っても、他方に「ITアレルギー」があれば、なかなか浸透しない。

荷待ち時間の短縮には、荷主側と運送業界によるパワーバランスの是正だけでなく、このようなIT化に対する意識の差も埋める必要が出てくるのかもしれない。

ポイ捨て・立ちション問題

トラックドライバー不足を解消するには、もう一つ「ドライバーの質」を上げることも重要だろう。それは、運転技術の向上という意味ではない。〝マナー〟の向上だ。言い方は悪いが、「外面」を良くすることでトラックドライバーという職の地位を上げるのも、ドライバー不足解消の一助になるはずだと、筆者は思っている。

一般車や歩行者には知られていないトラックドライバーの裏事情を書くと、毎度世間から必ずといっていいほど聞こえてくるのが、彼らの「マナーの悪さ」だ。

「路上駐車」や「エンジンの掛けっぱなし」、「ハンドルへの足上げ」など、これまで本書でも紹介してきたようなことを知らない道路使用者からは、「プロのドライバーのクセに交通ルールも守れないのか」、「これだからトラックドライバーは……」などと後ろ指を差されてしまう。

筆者は、こうした世間の苦情やクレームに対して、できる限り丁寧に説明してきたつもりだ。「迷惑かけて申し訳ないし、決して褒められた行為ではないが、好きでルール・マナー違反をしているわけではない」と、彼らの声を書いてきた。

しかしその一方、守れるルールやマナーをも守らないトラックドライバーがいるのも事実。

中でも、同業者ですら頭を悩ませているのが、「ポイ捨て」だ。

クルマからのポイ捨ては、「車内を汚したくない」というワガママと、「すでにゴミがポイ捨てされてあるから、どのみち誰かが掃除するだろう」という割れ窓理論の心理が合わさると、車両の種類問わず、さほど罪悪感なくやってしまう人がいる。

そんな中で、「トラックドライバー＝マナーが悪い」と決めつけられると、やはり「それは違うだろう」と鼻の穴膨らまし反論したくなるのだが、こうした思いとは裏腹に、彼らのポイ捨てが目立つのも事実で、トラック目線で書いている身としては、「なんともバツが悪い」、「堂々と擁護しきれない」というのがネットニュースには書けない本音だったりする。

また、個人的にはこうした「不名誉な固定観念」は、潔癖の元トラックドライバーとしてプライドが許さず、近い将来なんとしてでも返上したい汚名。大げさに言ってしまえば、「トラックドライバーのマナー改善」は、現在こうしてトラック関連記事を書くうえでの一つのゴールとして位置付けている課題だったりもする。

では実際、トラックドライバーは一般ドライバーと比べてゴミに対するマナーが飛びぬけて悪いのかと言ったら、やはりそんなことはない。

今回、現役トラックドライバーに「同業者に感じるマナー違反は？」というアンケートを取ったところ、大変多くのドライバーが「ポイ捨て」を挙げ、「同業者として情けない」、「一緒にされることに憤りを覚える」といった声を聞かせてくれた。

なのにどうしてトラックドライバーは、とりわけ強いポイ捨ての印象を持たれるのか。それは、彼らには絶対的に「道路上や車中にいる時間」が一般ドライバーよりはるかに長く、「ポイ捨てする機会」も必然的に増えるという現状がベースにあるからだ。

時間に追われるがゆえに、車内で食事を取ることが多いとなると、なおさら出るゴミの量も多くなる。そのため、「ポイ捨て率」が他車より高いのは、当然と言えば当然なのだ。

もちろん、だからといってこうした行為を「はいそうですか」と笑って許せる隙は一切ない。どんな事情があってもトラックドライバーである前に人であるべきで、一般車の車高からはポイ捨てできない、高いフェンスの張られた向こう側にゴミが散乱しているのを見ると、やり場のない憤りがこみ上げてくると同時に、姿の見えない持ち主のもとに、着払いで返送したくなる。

そんなゴミの中でも、同業者が特に「恥ずかしい」と嘆くゴミがある。

「用を足したペットボトル」だ。

彼らがペットボトルに用を足すのには、彼らなりの事情がある。

これまでにも述べてきたように、時間厳守で走る彼らには、とにかくトイレに寄る時間がない。いや、時間があっても「寄れるトイレ」がないことのほうがむしろ多いかもしれない。

図体の大きいトラックは、立ち寄れるコンビニや店舗が大変少なく、大型車専用レーンのあるサービスエリアに行っても混雑時は駐車できず、長時間トイレに行けないことがあるのだ。

　さりとて、ペットボトルに用を足すのと、それを車外に投げ捨てるのとは、全くの別問題である。

　筆者が現役の頃、マナーの悪いドライバーに、用足しのペットボトルがポイ捨てされている現状を嘆いたところ、「小便我慢しろってのか」と言い放たれたことがあった。が、なにも生理現象を我慢しろというわけではない。過酷がゆえに、ペットボトルへの用足しもやむを得ないことだってある。

　しかし、自らが作り出したそのペットボトルのポイ捨ては、もはや「人格のポイ捨て」と同義。女性の筆者からすれば、正直、用が足せるだけ羨ましかった。

　一方、拾ってもすぐにゴミ山ができる状況に対し、自治体の中には監視カメラを設置したり、小さい「鳥居」を置き、人の信仰心を刺激してポイ捨てを躊躇させたりするなどの対策を取っているところまである。

　神様まで使って対策せねばならないほどのポイ捨てが、トラックドライバーによるものだと世間に少なからず思われてしまっているならば、やはりここはトラックドライバー総出でこのイメージを180度変えよう、いや、変えてやろうじゃないかと、筆者はひとり躍起になっているところなのだが、どうだろう、現役トラッカー各位。冗談などではなく、本気でトラックドライバーの存在価値を上げていく気はないだろうか。世間から「だからトラックドライバーは」と後ろ指差されながら仕事をするより、「大変なのにマナーがいいな、トラックドライバーは」と言われたほうが、仕事のモチベーションもトラックドライバーとしてのプライドの在り様も違ってくるはずだ。

当然、多くのドライバーを抱える運送企業各社も、彼らにこうしたモラル教育を施す必要がある。育ってきた環境の違う人間に当然のモラルを守らせるというのは、実はそんなに簡単なことではない。特にひとりで仕事をする時間の多いトラックドライバーの中には、「誰も見ていないだろう」「このくらいいいだろう」という気持ちが芽生えてしまう人も残念ながら存在するのだ。

トラックは文字通り、会社の名前を背負って走っている。「そんな当たり前なことを教えるのか」とせず、日々遠くまで行って頑張る自社のドライバーを胸張って送り出すためにも、彼らのモラル教育は社内で定期的に行うべきだといえるだろう。

昨今、トラックドライバーの言われ方にはひどいものがある。やれ「底辺職」だ、

「いずれ自動運転車に消される職業」だと。

筆者のゴールは、こうしたことを言う世間に「トラッカーになれるものならなってみろ」と言い返すことなのだが、再度聞こう。

どうだろう、現役トラッカー各位。本気でトラッカーの存在価値を上げていく気はないだろうか。

追いつめられるドライバー

国土交通省が発表した「平成30年度宅配便取扱実績について」によると、同年の宅配便取扱個数は43億７０１万個。そのうちトラック運送は約98・９％にあたる42億６０６１万個で、日本の経済はトラックによる物流が支えていると言って間違いない。

そんなトラックの配達員一人が担当する荷物の個数は、ネットショッピングが普及した現在、多い時で１日２００個を超える。さらに日本には中元や歳暮など、他の国にはない「贈り物」についての習慣が多く、１年の間に幾度となくピークがやってくる。

トラックドライバーの過酷な労働環境を世間が少しばかりでも意識し始めたのは、２０１６年。本書のまえがきにも記した通り、年末のある事件がきっかけだった。

某大手宅配業者が荷物やカートを地面に叩きつけている映像は、瞬く間に全国へと広がり、同社とドライバーは強いバッシングを受けた。

自分の所有物でもないものを叩きつけるというのは、運ぶことを生業としているプロとしての意識云々以前の問題で、あの後ろ姿は、荷物の受取人にだけでなく世間に対するある種の挑戦状だったともいえるだろう。たとえあの箱が空だったとしても、あの箱に「蹴とばし可」と書いてあったとしても、人として決して許される行為ではない。

ただ、これを世間が一方的に「けしからん」と非難して終われるほど、運送業界が抱えている問題は浅くない。特にラストワンマイルで働く彼ら配達員は、ここ数年で大きな労働環境の変化に直面してきているのだ。

その「労働環境の変化」の一つとして挙げられるのが、過去に行われた道路交通法の改正だ。

2006年から駐車違反の取り締まり業務が民間に委託され、停車中の車内に人がいなければ、たとえ1分1秒の停車であっても駐車違反として扱うことができるようになった。これにより、彼らの負担は一気に増えたのだ。

トラックを離れれば時間との勝負。重い荷物を持ち、雨風や寒暖に抗いながら走って向かった届け先が不在だった時の落胆は、想像に難くない。再配達を約束する不在通知をポストに残し、〝緑色の2人組〟がいないことを願いながらトラックへと戻るのである。

この駐車監視員は、違反の対象が配達業者であっても容赦はしない。

そのため、宅配企業側も配達員を2人体制にし、いつでもトラックを動かせるように対策を取るのだが、もちろん人件費が倍かかることになるため、これといった打開策にはなっていない。こうして違反切符を切られる配達員が激増するも、交通違反をすると配達業務を禁じられたり、今後の昇進に影響したりするため、配達員の知人による身代わり出頭が横行する結果となるのだ。

世界にも稀な再配達と時間帯指定配送

周知の通り昨今の配達は、時間帯指定や再配達などのサービスが当然のように提供されている。そのほとんどが無料で行われるにも拘わらず、受取人からは数分遅れるだけで「何のための時間帯指定だ」というクレームが浴びせられる。中には、「午後5時～7時」の時間帯指定で、「5時1分」にチャイムを鳴らしても「早いだろ」とクレームを付けてくる受取人もいるため、配達員の苦労は我々の想像以上だ。

一方、筆者が住んでいたニューヨークの配達事情はというと、日本のそれとは比べ物にならないほどレベルが低い。世界の最先端と言われるこの街の配達レベルや姿勢は、日本の配達員の働きぶりを知る人間からすると、正直「配達屋さんごっこ」でしかない。

筆者はニューヨーク滞在時、クイーンズという多人種が集う地区に一時期住んでいた。そこは、高騰するマンハッタンの家賃から逃れた人が多く住むエリアで、マンハッタンの中心部にはほとんど存在しない「タウンハウス」と呼ばれる2、3階建ての一軒家に、複数の世帯が各階・各部屋に分かれて暮らすスタイルが珍しくない。

筆者も、地下1階、地上3階建ての大きなタウンハウスの2階部分に住む、エクアドル人夫婦の家の一室をシェアさせてもらっていたが、上階には中国人（大）家族、隣部屋にはメキシコ人男性、下階にはイギリス人やドイツ人が住んでおり、一つの玄関を計7世帯が使って生活していた。

そんなにぎやかな家に住み始めてすぐ、日本にいる例の両親から「荷物を送った」という連絡がきた。そうなると数日の間、荷物の到着を待つ側は、その〝追跡番号を追跡する〟日が続く。ニューヨークでは、荷物の時間帯指定配達サービスがほぼ存在しないのだ。あるのは形ばかりの「届け日指定」のみで、何時頃来るか分からないばかりか、指定日に来ないこともザラにある。

さらに、こういう一軒家にはベルが付いていないか、付いていても壊れていることが多く、一日中待っていても配達員が来たことに気付かないこともしばしば。

となれば必然的に依頼せざるを得なくなるのが「再配達」なのだが、これがまた、そんなサービスはないに等しく、電話やインターネットで日にちを指定しても、予定通り来てくれるのは一部の大手民間配達業者ぐらい。特に日本の郵便局にあたる「ＵＳＰＳ」においては、いくら再配達を依頼し、当日すべての予定をキャンセルして一日中窓に張り付いていても、荷物はトラックにさえ載っていないのだ。

筆者の両親は、なぜか炭水化物を娘に食べさせようとする情熱がハンパなく、送ってくる荷物は毎度10キロを軽く超える。「生米は検査など厳しいから送るな」と言うと、代わりに「サトウのごはん」と「サトウの切り餅」とともに、日本製の炊飯器が送られてきたこともある。それも２度、ふりかけ付きでだ。

再配達されない荷物を手に入れるためには、３～４日以内に自ら郵便局へ取りに行くしかない。急いで仕事帰りに赴けば、同じ思いで来局した人たちの長蛇の列。客同士で文句を聞き合いながら順番を小一時間待つことになる。こうして重い炭水化物を自ら背負って家まで運べば、世界一の大都会にいながらにして、気分はもはや「収穫帰りの米農家のおばさん」だった。

それだけではない。筆者が渡米当初、最も驚いたのは、国内郵便の場合である。受取人が不在だった場合、荷物はなんと、外に放置されてしまうのだ。

今でこそ日本にも、後述する「置き配」という言葉が浸透し始めたが、アメリカのそれは、もはや「置き去り配」。盗難補償よりも再配達のコストのほうが高くつくという理由から、容赦なく地べたに置いて行く。中には、雨に濡れないようにするためか、はたまた盗られないようにするためなのか、花壇に生える雑草に隠したり、玄関マットで覆ったり、ドア上にあるサッシに器用に挟んだりしてくれる〝心優しい〟配達員もいる。が、日本ではそもそも配達荷物を直接地面に置くことすら失礼に当たる行為。自分の名前が書いてある荷物が野宿しているのを初めて見た時には、一瞬心の底からイラついたが、それと同時に「そうか、郵便局まで取りに行かなくていいのか」と皮肉にも安堵。底に付いた砂を手で払いながら、日本の配達技術の高さが心から恋しくなった。ちょうどその頃だ、日本で「荷物叩きつけ事件」が起きたのは。

日本の配達サービスの高さは、国内に住んでいるとなかなか気付かない。筆者も渡米前までは何とも思っていなかったが、一軒家に同居していた彼らに、「日本では配達の時間帯指定ができ、再配達も無料でしてくれる」と話しても誰一人として信じてくれない現実を目の当たりにした時、初めて太平洋の向こう側で走り回る日本の配達員に心から感謝した。

しかし帰国後、日本のトラックドライバーや運送業者に現状を聞いていくと、その「高品質の配達サービス」は、様々な「犠牲」のうえに成り立っていたと知る。

長距離や大型トラックドライバーの苦労は、身をもって経験してきたがゆえによく知っていたが、配達ドライバーも同じように過酷だったのだ。

中でも、彼らの首を絞めているのが「再配達」だ。客が神である日本の社会。商談はすっぽかさないのに、自分が指定した荷物の受け取りの約束は簡単にすっぽかすのは、やはり「客の神化」以外の他にない。中には、再配達を幾度となく繰り返したり、「寝起きの顔を見られたくない」や「知らない人と家の前で対面したくない」という理由から、居留守を使う受取人もいる。

「緑色の2人組」と駆け引きしながら重い荷物を抱え、ようやくたどり着いた届け先が

「3度目の再配達」だったら、そりゃ「叩きつけ配達員」の気持ちだって分かってくる。

こうしてごく当然のように行われる宅配便の再配達は、その率なんと20％。5軒に1軒が再配達ということになる。これは、年間9万人のドライバーの労働力に匹敵し、トラックの排出ガスは年間42万トン分のCO_2に相当する量（JR山手線の内側の面積約2・5倍のスギ林が吸収する量）だ（国土交通省資料）。ワンクリックで外出せずとも買い物ができる時代。購入時の利便性が高まる反面、荷物の受け取り方法においては、その利便性が追いついていないのが現状なのだ。

その打開策として、各配達大手企業やEC業界大手企業は、駅構内などの宅配ボックスや、コンビニ・郵便局での受け取りサービスの利用を推奨してきた。が、受け取った場所から自宅までの運搬に自力を要する不便さが生じるゆえ、現在までには問題解決の決定打にはなっていない。

置き配の可能性

こうした中、昨今になって注目され始めているサービスがある。「置き配」だ。先ほど紹介したアメリカの「置き去り配」を工夫し、日本でも安全に取り入れようとする動きが出始めている。

日本には昔から、安全面や確実性、高品質サービスを重視した「対面配達」が原則であるという風潮があり、アスクルやファンケルなどの一部企業が行う自社商品の配送以外、「置き配」は配達側・受取側どちらからもなかなか支持されてこなかった。

しかし、例の「叩きつけ配達員」の登場以降、徐々に彼らの過酷な状況が世間に理解され始め、置き配を検討しようとする風潮が出始めている。

2019年には、アマゾンが置き配を本格的にスタートさせたほか、郵便局も同サービスの導入の検討を開始。スタートアップ企業Ypperが開発したOKIPPAを利用し、安全に不在時でも荷物を置き配できるよう、システムの構築をし始めた。

海外より治安がいいとされる日本で、今まで置き配が浸透してこなかったのは、「安全性」における懸念はもちろんだが、それよりなにより、配達側が抱く「置き去りにする罪悪感」と、「置き去りにするとは何事だ」とする、サービス大国に住む「客」という名の「神」の怒りが文化として根深くあるからだろう。置き配は、昨今生まれた新しい概念のサービスであるため抵抗がある受取人も多いだろうし、このシステム自体にも、オートロック付きマンションへの配達や盗難防止対策など、まだまだ改善の余地がある。

が、再配達が配達員の負担になっている以上、受取人である我々自身も「届いて当たり前」から「届けてもらっている」へと意識改革し、新しい概念を取り入れる「広い心」を持つべきだろう。

荷物は多くの人のリレーで届くものだ。自宅の玄関は、決してどこでもドアなどではない。置き配を利用せずとも、時間指定した日時には家にいるようにし、その日に荷物が来ることを意識するだけでも、配達員の負担は大きく減り、日本の物流ももう少し滑らかになる。

配達員の「負担」は、仕事である以上ある程度は仕方ないのかもしれない。が、誰かの「犠牲」が伴うサービスは、もはや「サービス」ではないと筆者は思うのだ。

あとがき

トラックドライバーだった当時のことを記事にしようと思い立ったのは、トラックを降りて数年経ったニューヨークの自室でした。執筆していた現地ネタの裏取りに時間がかかり、にっちもさっちもいかなくなっていた頃です。

自分がやや特殊な経験をしてきたことは認識しており、ずっと文字にして残したいとは思っていたのですが、当時「世界一ネタに困らない街にいながら、自分のしょうもない過去書くんかい」という思いがあり、筆を進めるまでには至らず。が、原稿締切直前、取材先への「いつになったら返事くれるんだ」の電話を6か所たらい回しにされ、窮地に追い込まれた時、もはや「万事休す」の思いで書き始めた次第です。

父の工場は、2013年9月に廃業しました。その理由は一つや二つではありません。

こちらについては、書き始めるとキリがないのでここでは割愛しますが、いずれにしても、工場は「倒産」ではなく、「廃業」。結果的に、自らの手で閉めてしまったことを、私は今でも両親に心底申し訳なく思っています。

廃業が決まった工場の清掃作業で、工具がどんどん引っ張り出されては整理されていく様子を見るのは辛かったです。が、その中でも何より苦しかったのは、当時、毎日一人泣き沈む橋本の心情を知り尽くした1台の4トントラックが、身売りされていく後ろ姿を見た時でした。

めちゃくちゃ辛かった。恥ずかしい話、大の大人が人前でオイオイ泣きました。11頁にあるのは、その時撮った最後の写真。よく見ると目が腫れてます（笑）。メガネで隠していますが。

それからしばらくして、再渡米。第1章にもある通り、工場をやっていた時にも1年ほどワガママを言って渡米させてもらいましたが、閉鎖後、「ニューヨークへ渡る」という夢は、約11年越しに正式に叶えることができました。

当時すでに歌い手になる夢は消えていましたが、その11年の間に培った人生観を引っ提げて始めた「第二次ニューヨーク生活」は、「歌い手」に匹敵するほど熱中できる現職へと導いてくれたと思っています。あの11年がなかったら、今の自分は間違いなくなかった。ちなみに歌は、趣味程度に今でもそっと続けています。

父が筆者の「歌い手になる」という夢を全力で反対していたのには、理由がありました。彼自身もかつては、歌手を夢見る少年だったんです。彼は当時、贔屓抜きに、テレビに出るどんな演歌歌手よりも歌が上手かった。ゆえ、彼が毎度トラックで聞かせてくれていた鳥羽一郎さんの「兄弟船」は、私が当時習っていたどんな習い事よりも、実は刺激的だったんだと思います。

彼の若かった頃のことを考えると、そのパッションは、筆者以上に強いものがあったに違いありません。しかし、当時彼自身も周囲に猛反対され、結果的に小さいながらも工場を経営し、家族を養うことができた。

あの頃、どうして自分の夢を応援してくれないんだと悲しい思いになったこともありましたが、筆者に跡を継がせたがったのは、彼なりに色んな思いがあったんだと、今は心から理解できます。

最後になりましたが、本書出版において、お世話になった方へ、この場をお借りして謝意を表したく。

本書執筆に多くのご協力をしてくださった扶桑社の「ハーバー・ビジネス・オンライン」編集部の皆様には、深く御礼申し上げます。

また、色々と物流の現状を伝えてくださる、Twitterや路上で出会う現役のトラックドライバーさん、運送企業経営者の皆さん、そして、僭越《せんえつ》ながら講演会にお招きくださるトラック協会の方々、NEXCOの皆さん。しょうもない私の質問にも、丁寧にお答えいただき、また、振り返るのも憚られる過去や、業界を変えたいという熱い思いを伝えてくださり、本当にありがとうございました。

本書を世に出すきっかけをくださった新潮社と、お声がけくださった同社担当編集の岡田葉二朗氏には、言葉に尽くせぬ程の感謝をしています。書けない時には温かい言葉で応援してくれ、落ち込んでいる時には励ましてくださり、すごく心強かったです。

そしてやはり、執筆中、過去を思い出しては哀愁に耽り、文字とカフェイン中毒になる橋本を日々心配してくれた家族には、誰よりもの感謝を伝えたい。

第1章でも紹介した、工場の裏口で放っていた「心の底から無駄な時間」という口癖。

あの時の「時間」は、時を越え、今や筆者の活動の源泉と化しています。工場廃業の話が出た時、最後の最後に私が「やらない」と決断したことに対し、これまで「大切な場所を潰してしまってごめん」としか言えませんでしたが、この本を世に出せたことで、「ワガママを理解してくれてありがとう」と、少しでも言えるようになったと同時に、無駄な時間なんて、人間にはほんまにないんやなと心から思うに至ります。

今、皆さんがこうして読んでくださっている本書も、トラックで書店に運ばれたもの。本書を本屋さんや読者の自宅まで運んでくださったトラックドライバーの皆さんにも、「お疲れ様です」と「ありがとう」を。

そして、全国で日々日本の経済を支えるトラックドライバーの皆さん、運送企業の皆さんの労働環境が、少しでもよくなること、切に祈っています。大変な毎日でしょうが、これからも、どうぞご安全に。

2020年3月

橋本愛喜

橋本愛喜　フリーライター。元工場経営者、トラックドライバー、日本語教師。ブルーカラーの労働環境、災害対策、文化差異、ジェンダー、差別などに関する社会問題を中心に執筆や講演を行う。

Ⓢ新潮新書

854

トラックドライバーにも言《い》わせて

著　者　橋本愛喜《はしもとあいき》

2020年３月20日　発行
2020年６月15日　２刷

発行者　佐　藤　隆　信

発行所　株式会社新潮社

〒162-8711　東京都新宿区矢来町71番地
編集部(03)3266-5430　読者係(03)3266-5111
https://www.shinchosha.co.jp

印刷所　株式会社光邦

製本所　加藤製本株式会社

ISBN978-4-10-610854-9　C0265